フロントランナー

Front Runner

1

好きを追求する

監修：朝日新聞be編集部

はじめに

「将来《しょうらい》、自分はどんな仕事をするんだろう」。

そんなことを、一度は考えたことがあるのではないでしょうか。

でも「どんなことが向いているの？」「自分らしい働き方って？」。

その答えは、なんだか漠然《ばくぜん》としています。


この本には、今みなさんに知ってもらいたい10人の「フロントランナー」が登場します。フロントランナーは、自ら道を切り開く人、さらに努力を続ける人。

たとえば、日本で初めてクイズをビジネスに展開《てんかい》させたＱｕｉｚＫｎｏｃｋ《クイズノック》の伊沢拓司《いざわたくし》さん。日本で３人しか存在《そんざい》しない（２０２４年時点）「銭湯《せんとう》ペンキ師」の田中《たなか》みずきさん。競技人口３億人というバックギャモン（ボードゲームの一種）の世界王者に君臨《くんりん》する、望月真行《もちづきまさゆき》さんもいます。

多種多様な「仕事」が登場するので、「そんなことも仕事にできるんだ！」という驚《おどろ》きや喜びもあるはずです。


では、彼らの共通点はなんでしょう？

それが、今回のテーマでもある「好きを追求している」ことです。

「好きなこと」には力があります。

好きなことのためだったら、いくらでもがんばれたりしますよね？

いまは好きなことが見つかってなくても、大丈夫。この本がヒントになります。


若い力に光を——。

これは、フロントランナーというインタビュー記事の連載《れんさい》を続けている、朝日新聞別刷り「be」が果たしてきた大切な役割です。現代を代表する才能も、若き日に言葉を残してきました。フロントランナーたちの言葉は、今も日本社会が抱《かか》えたままの課題をも照らし出し、あなたの心に訴《うった》えかける「何か」があるはずです。

そして、いつの日かみなさんにも、自分らしい生き方、信念に則り、自らがフロントランナーとして、人生を切り拓《ひら》いて欲《ほ》しいと願っています。

朝日新聞be編集部
岩崎ＦＲ編集チーム

フロントランナー **1** 好きを追求する

CONTENTS

※本書は朝日新聞be「フロントランナー」の記事をまとめたものです。記事の内容は掲載当時のものです。
※今回の書籍化にあたり、取材当時から状況が変わった内容については一部改訂しています。

好きを追求する 1

「知る」を増やせば、学びは楽しくなる

QuizKnock《クイズノック》
伊《い》沢《ざわ》拓《たく》司《し》

人生はクイズ、解答を探《さが》せ

2011年夏、東京。「全国高等学校クイズ選手権《せんしゅけん》」の番組出演者が泊《と》まる宿舎で、本番では競い合う高校生らにクイズを出題していた。当時はまだ珍《めずら》しかった解答の早押しボタンを持参してライバルたちにも経験させ、クイズの楽しさを広めていたのだ。

「クイズは生きるエネルギー」。

17歳で番組初の個人2連覇《れんぱ》を鮮やかに決めた少年は、26歳《さい》（取材当時）の今、自ら起業したクイズを媒介《ばいかい》に、新たな「学び」を発信するメディアサービス会社、「QuizKnock《クイズノック》」に知力と情熱を傾《かたむ》ける。

「流されがちな性格」と自省《じせい》する。中学でクイズ研究部に入ったのは、新入生勧誘《かんゆう》での出題に「結構、正解できた」から。東京大学をめざしたのも高校生クイズで進路を問われ、「その答えしかない」と空気を読んで。東大在学中の2016年にクイズで情報を伝えるウェブサイト「QuizKnock」を始めたが、起爆剤《きばくざい》となった翌年《よくねん》のユーチューブチャンネル開設も、自身は反対したのに仲間が準備をどんどん進め、「なし崩《くず》し」のようなものだった。

遊びも仕事も「ぎちぎち」に入れる。「無駄《むだ》に過ごす時間が嫌《いや》で、そんな暇《ひま》があれば体を鍛《きた》える。常《つね》に『いい自分』でいたいんです」＝東京都内

自分は何をやりたいか。クイズ王と呼《よ》ばれテレビでも活躍《かつやく》しつつ、心のどこかで模索《もさく》していた。光が見えたのは、東大大学院生だった2018年。クイズで得たものを思い、「楽しいから始まる学び」という言葉にたどり着いたときだった。

■クイズに教育を

興味《きょうみ》ある事柄《ことがら》を学ぶのは楽しいが、その対象を全く知らねば始まらず、でも興味のない段階での知る努力はつまらない。ならば「知る」第一歩から楽しくしよう。「そのためのツールのひとつがクイズ。実体験だから確信できた。流され続けてきた僕《ぼく》が、新たな心の芯《しん》を見つけた瞬間《しゅんかん》だった」。翌年《よくねん》、大学院をやめ「楽しいから始まる学び」を基本理念に「QuizKnock《クイズノック》」を会社化。クイズから得た知識を「学び」につなげる事業に乗り出した。

高3の時の伊沢拓司《いざわたくし》さん

クイズを入り口に話題のトピックや専門的な知識を解説するウェブ記事や動画などを展開《てんかい》。ユーチューブチャンネルは登録者225万人超《ちょう》、動画再生回数28億回超（共に2024年現在）と、競合チャンネルを圧倒《あっとう》する。教育や行政機関も含《ふく》む2020年のタイアップは56件。三菱《みつびし》地所設計が協賛《きょうさん》したク

プロフィール

3歳のころの拓司さん

1994年 茨城県生まれ。薬酒会社の広告担当だった父と新聞社のリサーチャーだった母の長男で一人っ子。

2007年 開成中入学、クイズ研に入部。開成高1年時に「全国高等学校クイズ選手権」で同高チームとして初優勝。2年時に番組初の個人2連覇。後に「クイズ王」としてテレビ界で活躍《かつやく》する礎《いしずえ》に。

2013年 東京大学文科二類入学。2016年にウェブサイト「QuizKnock」を立ち上げ編集長に。翌年同名のユーチューブチャンネルを開設し、一躍人気に火がつく。2019年には登録者数が100万人を突破《とっぱ》。同年、農業経済専攻《せんこう》の同大大学院中退《ちゅうたい》。

★趣味《しゅみ》はサッカー。「実力があれば中学でもサッカー部を選びクイズに出会っていなかった」

★講演会の「ネタ」はサウナで考える。「考えてるとぼーっとする感じが気持ちいい。強制的《きょうせいてき》に『携帯《けいたい》断ち』もできますし」

イズで、街や建物を知る東京・丸の内のイベントでは、8600人を集めた。今年はターゲットを小学生や幼児《ようじ》と保護者にも広げ、初手から楽しい「学び」の浸透《しんとう》をめざす。

「**人生も岐路《きろ》ごとに正解を探《さが》すクイズの連続のようなもの**」。ここまでは正解してきた。たぶん、きっと。これからも、次々出される現実社会の難問奇問《なんもんきもん》に解答ボタンを押《お》し続ける。いつか生涯《しょうがい》を振《ふ》り返ったとき、初めてわかる「答え合わせ」で、微《ほほ》笑《え》んでいる自分を信じて。

2024年時点での動画出演メンバーたち

伊沢《いざわ》拓司《たくし》さんに聞いてみよう

Q
人生を大きく変えたクイズとの出会いは？

A

プロも夢見たサッカーで実力がないと小3で悟《さと》り、「自分を肯定《こうてい》する何か」を失っていた僕《ぼく》が、開成中で出会ったのがクイズ研。弱小部で1年でも活躍《かつやく》でき、クイズ自体より「勝てる」自分に誇《ほこ》りを感じていました。

優勝者《ゆうしょうしゃ》が1人のクイズでは、負けも日常。でも、早押しで一つでも正解できれば、それは「勝ち」です。そんな**「小さな勝ち」を握《にぎ》りしめ、負けた悔《くや》しさも忘《わす》れず次に生かす**。このバランス感覚が人生の礎《いしずえ》になりました。

Q なぜウェブサイト「QuizKnock《クイズノック》」を創設したのですか？

A バイト先の塾《じゅく》で、ネットに氾濫《はんらん》する情報への対処法《たいしょほう》を学ぶ場のない生徒らを見て、できることはと考えたのがきっかけ。東大在学中の22歳《さい》のときのことです。文章を書くのが好きだったので、「クイズとニュース」を組み合わせたウェブ記事で正しく情報を伝えるメディアを作りました。

Q ユーチューブチャンネルは大人気ですね。なぜ最初は反対したのですか？

A 人も資金も余裕《よゆう》がなく、手を広げればパンクすると思いました。我《われ》ながら直感力がない。でもその自覚があるから人の話を聞ける。「クイズ系《けい》ユーチューバーはまだいないからうまくいく」と確信するふくらP《ピー》（「QuizKnock」の創設《そうせつ》メンバーの一人。ユーチューブ開設を提案）さんの先見性はさすがでした。

結果は大成功。人気コンテンツが次々生まれ、今では収益《しゅうえき》の大きな柱です。社会的認知度《にんちど》も飛躍的《ひやくてき》に上がり、企業《きぎょう》や公的機関との提携《ていけい》など、次のステップへの推進力《すいしんりょく》にもなりました。

Q QuizKnockのコンセプトは？

A 「自分」がなすべきこと、やりたいことを考え続け、たどりついたのが「楽しいから始まる学び」というフレーズです。

嫌《きら》いな科目の勉強は嫌《いや》でも、好きなことの知識を得るのは楽しい。でも、好きになるにはまず「知ること」が必要で、新しい知識に出会うことも、面白くなるまで知ることも、ハードルは高い。ならば**大量の知識をクイズのような娯楽《ごらく》に混ぜ込《こ》めば、楽しさで「知ること」のハードルを下げられる。**僕《ぼく》が真剣《しんけん》に打ち込んできたクイズで得た実感でもありました。

会社の屋台骨《やたいぼね》になる理念と、僕《ぼく》が「このために生きよう」と思える目標を同時に見つけ、「いける」と確信しました。動画や記事、テレビ出演など持てるツールを駆使《くし》して世に普及《ふきゅう》させ、浸透《しんとう》させたいと奮闘中《ふんとうちゅう》です。

Q なぜクイズと教育を融合《ゆうごう》させたのですか？

A

教育に特化すれば先行する専門家が大勢いる。エデュテイメント（教育面でも機能する娯楽）の分野で、クイズを軸《じく》にコンテンツを作り、スパイス的に教育を加えるのが我々《われわれ》の戦略です。

比率は娯楽9、教育1。お堅《かた》くなりがちな分野だからこそ、「知識によ

る遊び」を知る我々の手法で勝負できる。例えば難解《なんかい》な「インテリワード」での大喜利《おおぎり》動画を10分見て、「難しい言葉を幾《いく》つか覚えちゃった」くらいでちょうどいい。こうした動画に教育現場の需要があり、教育目的に限り、無償《むしょう》で使用を許可しています。

テレビでの結実もありました。2020年11月放送の、僕とふくらさんがMCを務めた初の冠番組「いざわ・ふくらの解けば解くほど賢《かしこ》くなるクイズ」です。一つの問題から「ちなみに」でつながる関連知識へとクイズで広げ、僕らの解説で理解を深めて、番組のタイトル通り「解けば解くほど賢《かしこ》くなる」仕掛《しか》け。まさに「楽しいから始まる学び」の具現化で、その放送枠《わく》の年間最高視聴率《しちょうりつ》を更新《こうしん》しました。

ここが気になる!

QuizKnock《クイズノック》にはどんな人たちがいるの?

「QuizKnock」には、ユーチューブ大成功の立役者でもある、ふくらP《ピー》をはじめ、たくさんの仲間がいる。ともに東大の大学院で博士号を取得した須貝《すがい》駿貴《しゅんき》や鶴崎修功《つるさきひさのり》、漢検1級を取得し、謎解きも得意とする山本祥彰《やまもとよしあき》、ふくらPとともに天才的な発想で動画企画を生みだしてきた河村拓哉《かわむらたくや》、双子《ふたご》でどちらもクイズが強い東兄弟《ひがしきょうだい》など個性的なメンバーばかりの魅力的《みりょくてき》な集団だ。

Q 高学歴のクイズ王は超人視《ちょうじんし》されがちですが、どう思いますか?

A 勝つために重ねた地道な努力を語り、「超人ではない」と伝えればいい。

全国の学校を無償《むしょう》の講演やクイズ大会で巡《めぐ》るツアー「ＱＫ《キューケー》ＧＯ《ゴー》」を19年春から始め、僕《ぼく》の実像を「種明かし」しています。クイズ王を身近にし、後進の育つ土壌《どじょう》を広げたいからです。

「クイズ王」の名は便利ですけど、もっといい名前も欲《ほ》しいです。問い方やジャンルで容易に順位が入れ替《か》わるクイズに序列のある呼称《こしょう》は適さないと思うので。だから、予期せぬ勝ち負けも生まれ、面白いのだと思います。

Q
目指すゴールは？

A

僕らが実績をあげれば、市場も広がる。学びを楽しむ僕らの理念が当たり前になるほど浸透《しんとう》し、「QuizKnock《クイズノック》」が役目を終える時代がくれば、それも幸せなゴールと思います。

いつか実現したらどうするかな。クイズを趣味《しゅみ》で続けつつ大学院に戻《もど》り、中退《ちゅうたい》で途切《とぎ》れた知の体系の構築に、再び挑《いど》むかもしれません。「知る」を増やせば学びは楽しく、学べばもっと知りたくなる。クイズが教えてくれたこのサイクルほど、快《こころよ》いものはないですから。

 新聞掲載：2021年1月9日

「ちなみに」でつながるクイズってどうやるの？

前の質問を受けて、さらに即興《そっきょう》で質問を繰《く》り出す。やり方はこんな感じだ。

Q　富士山の頂上《ちょうじょう》はどこのもの？
A：山梨県　B：静岡県　C：私有地
というクイズを皮切りに、
Q　ちなみに……日本の伝承《でんしょう》上初めて富士山に登った人物は？
Q　ちなみに……初めて富士山に登った女性。その女性の名字が奇跡《きせき》を起こしているが、その名前とは？
Q　ちなみに……富士山は日本一高い山だが、日本一低い山の標高は？
この勝負は膨大《ぼうだい》な知識量がカギ。それにより無限に問いが広がる楽しさがあるのだ。

好きを
追求する
2

ダンサーを表《おもて》舞《ぶ》台《たい》の主役にしたい

ダンスパフォーマンスグループ

s**t《シット》 kingz《キングス》

「踊《おど》る革命家《かくめいか》」の原動力とは？

ダンスエンターテインメント界を牽引《けんいん》する存在だ。V6《ブイシックス》、WEST.《ウエスト》、東方神起《とうほうしんき》、AAA《トリプル・エー》など、これまで手がけた国内外のアーティストの振《ふ》り付けは300（※2022年取材当時。2024年現在は450）曲以上。一方で、ダンサーである自分たちが主役の作品づくりを重ね、ダンス界に新風を吹《ふ》き込《こ》んでいる。

shoji《ショージ》、kazuki《カズキ》、NOPPO《ノッポ》、Oguri《オグリ》の4人が、2007年10月に結成した。略して「シッキン」となるグループ名は、「お客さんが失禁するぐらいすごいショーを見せたい」という、当時20代前半だったメンバーの意気込《ご》みに由来する。

三浦大知《みうらだいち》、BoA《ボア》など、名だたるアーティストのバックダンサーを務めてきた。有名歌手のバックダンサーは、トップの一握《ひとにぎ》りしかなれない憧れのポジション。しかしそれは、ダンサー自身が表舞台《おもてぶたい》で主役になれる機会が極めて少ないことの表れでもある。

そんな状況《じょうきょう》を打ち破るように、13年からは毎年のように単独公演を重ね、新たなダンスの表現を模索《もさく》し

大みそかのイベント出演に向けて、リハーサルをするメンバー。4人がアイデアを出し合いながら、振り付けを完成させていった＝東京都内のスタジオ

てきた。2020年秋には、チャップリンの映画《えいが》「独裁者《どくさいしゃ》」の最後の演説にダンスを乗せた作品を発表し、大きな反響《はんきょう》を呼《よ》んだ。世界レベルの実力だけでなく、演劇《えんげき》やコントの要素も取り入れた多彩《たさい》な表現で、幅《はば》広い層《そう》のファンを獲得《かくとく》している。

2021年は、とりわけ話題の多い1年だった。1月に、オリジナルの8つの楽曲にダンスをつけた映像作品集「FLYING《フライング》 FIRST《ファースト》 PENGUIN《ペンギン》」を発売。既存《きぞん》の曲にダンスをつけても、楽曲の著作権《ちょさくけん》などの問題があり自由には発表できない。ならばと、ダンスのための楽曲をアーティストと共同してゼロから作った。

ダンスライブ「ダンスが好きなただの変人」の一場面、「せが家」

ダンスコンテスト「Body Rock《ボディロック》」で優勝《ゆうしょう》

3月にはその表題曲を音楽番組「ミュージックステーション」で披露《ひろう》し、ダンスのみのグループとして異例《いれい》の出演を果たす。秋には約2年ぶりのダンスライブを横浜《よこはま》と大阪《おおさか》で開催《かいさい》した。

プロフィール

★Oguriさんは東京都、他3人は神奈川県出身。kazukiさん、NOPPOさんは小学校から、Oguriさんは高校から、shojiさんは大学からダンスを始める。

2007年 10月、kazukiさんが同世代の3人に声をかけ、渋谷《しぶや》のライブハウスで初パフォーマンス。1回限りのつもりが評判がよく、そのまま活動が続いた。

2010年 アメリカの著名なダンスコンテスト「Body Rock」で優勝＝写真（P24）。翌年《よくねん》も優勝し、2連覇《れんぱ》を果たす。

2011年 1月、全曲オリジナル楽曲の見るダンス映像《えいぞう》アルバム「FLYING FIRST PENGUIN」発売。秋にはダンスライブ「ダンスが好きなただの変人」を横浜、大阪で開催《かいさい》。メンバーが扮《ふん》した、とある家族「せが家」＝写真（P24）＝のコーナーも。

2022年 舞台《ぶたい》「HELLO ROOMIES!!!《ハロールーミーズ》」を全国3都市で上演。

■わくわくを形に

人気ドラマ「半沢直樹《はんざわなおき》」や「エール」に出演したり、イラスト作品を発表したり、ダンス以外にも各自が活躍《かつやく》の幅《はば》を広げている。自身のユーチューブチャンネルを運営するkazuki《カズキ》さんは「ダンサーは『待つ職業』で、振《ふ》り付けもバックダンサーも、オファーがあってできること。でも今は、**待つだけでは厳《きび》しい時代。自分でやりたいことを形にする力が大事になっていると思う**」と話す。

枠《わく》にとらわれない挑戦《ちょうせん》を続ける4人だが、リーダーのshoji《ショージ》さんは「ダンス界のためにやっている、という意識はそんなにない」という。

「**『面白そう』と思ったことに一生懸命《けんめい》になってきただけ。でも、自分たちがチャレンジを続けることで、次につながるいろんな扉《とびら》を開いていけたら**、とは思っています」。

左から、Oguriさん、kazukiさん、NOPPOさん、shojiさん。撮影《さつえい》の合間には、冗談《じょうだん》を言い合って大笑い。作品づくりでは「ぎゃーぎゃー言い合う」が、けんかはないそうだ＝東京都内

S**tkingz《シットキングス》さんに 聞いてみよう

Q

大活躍《だいかつやく》が続きますが、最近を振《ふ》り返っていかがですか?

A

【shoji《ショージ》】ダンス映像《えいぞう》アルバムの発売、朗読《ろうどく》×ダンスやコント×ダンスの公演、約2年ぶりのダンスライブ……。2021年は盛《も》りだくさんの1年でしたね。

今聞いていて、改めて「怒濤《どとう》だったな」とびっくりしています。それと同時に、本当にシッキンはいつも未来のことばかり話していて、振り返ることがないんだな、と改めて感じました。

Q

NHK《エヌ・エイチ・ケイ》の「あさイチ」でダンスレクチャーをするなど、テレビ出演も続いていますが、最近のダンス人気をどうお考えですか？

A

【NOPPO《ノッポ》】ダンス自体の人気や注目度が高まってきていると感じます。音楽番組で動画サイト的な「踊《おど》ってみた」企画《きかく》があったり、アーティストがダンスをメインとしたパフォーマンスで出演したり。

【Oguri《オグリ》】昔は「ダンスやってる」って言うと、「あの、頭で回るやつ？」っていつも言われたんですよ。でも今は「どんなダンスですか」と興味《きょうみ》を持ってくれる人が増えたし、オンライン上でダンスを発信できる場も増えています。

Q　当初は1回限りのユニットの予定で、伏《ふ》せ字の入った今の名前（st《シット》 k·ingz《キングス》）も決まっていなかったそうですね。**

A　【kazuki《カズキ》】そうなんです。「シッキン」の愛称《あいしょう》で呼《よ》ばれていて、「チームとしてやろう」となったときに、名前を決めなきゃと。それで、略して「シッキン」になる、今の名前になりました。

Q　最初の単独《たんどく》舞台《ぶたい》公演は2013年。なぜ、ダンスに演劇的要素も織り交ぜたのですか？

A　【shoji《ショージ》】やりたいことがいっぱいあったんです。それを実現する場として、先輩《せんぱい》から「自分たちで舞台をやったら？」と言われて、舞台ならセットも音楽も自分たちで好きなようにできるし、やりたいことを一番表現できるかもしれない、と思いました。

振《ふ》り返ると動機はいつも、「これやったら面白そう」とか「これまだ誰《だれ》もやってなくない?」とか。**わくわくするものに出会ったときに4人はすごく一生懸命《けんめい》になれて、それが気づくと、自分たちから発信できる独自の作品になっていたな**と感じます。

Q

ダンスライブ「ダンスが好きなただの変人」は、鬼気迫《ききせま》るダンス曲からクスッと笑ってしまうコミカルなパフォーマンスまで、シッキンの表現の幅広《はばひろ》さが表れていましたね。

A

【kazuki】 もともとシッキンが「これ」という一つの路線に絞《しぼ》っていないこともありますし、ダンスが持つ可能性をいろいろ示したいという思いがあったので、いろんな表現を一つのライブにぐちゃぐちゃでもいいから入れてみよう、という意図はありました。

Q さまざまなアーティストと共同してダンス映像《えいぞう》アルバムを制作したきっかけは？

A 【Oguri《オグリ》】コロナ禍《か》の自粛《じしゅく》期間中、改めてシッキンでやっていきたいこと、必要なことを話し合い、「自分たちの曲がもっとほしい」という話になったのがきっかけでした。

Q アルバムのタイトルには「ファーストペンギン」の言葉も。今のダンス界にどんな思いを持っていますか？

A

【shoji《ショージ》】僕《ぼく》らは本当にラッキーで、恵《めぐ》まれた環境《かんきょう》に出会えたから頑張《がんば》れているところがある。でもやっぱりみんな悩《なや》んでるんですよね。若いダンサーと話していると、「頑張った先に何があるのかわからない」って言う子がたくさんいます。

シットキングスがチャレンジを続けることで、自然と若い子たちが「こういう道もあるんだな」と思うことに結びついていけたらとは思います。

【kazuki《カズキ》】バックダンサーや振付師《ふりつけし》が、ダンサーにとっての憧《あこが》れのポジションになっていますが、それはまず有名な何かがあって、そこからオファーがあって初めて成り立つこと。でも今は、**自分から発信してコンテンツになる**

ここが気になる！

「ファーストペンギン」ってどういう意味？

集団で行動する群れの中から、天敵《てんてき》がいるかもしれない海へ最初に飛び込《こ》む勇気あるペンギンを指す。誰《だれ》より早く飛び込めば、死の危険《きけん》を冒《おか》す代わりに多くのエサを獲《と》ることができることから、「リスクを恐《おそ》れず初めてのことに挑戦《ちょうせん》する者」を意味するようになった。ビジネスの世界では先行者利益《せんこうしゃりえき》（最初に始めた人が得られる利益）を意味する。

ことが大事な時代になっていると思います。

自分も、20代のころはひたすら誰《だれ》かに誘われた仕事だけやっていました。でも、果《は》たしてそれでいいのかは、若い世代にこそ考えてほしいです。

Q 結成15周年を超《こ》えました。これからどんな1年にしたいですか？

A

【shoji《ショージ》】なにか一つ、ステップアップを実感したいとは思っています。見ている人たちにも、新しい

可能性を感じてもらえるようにしたいです。

【kazuki《カズキ》】これまで音楽番組にもいっぱい出させていただいたんですが、それでダンサー界が変わったとはそんなに思えていなくて。当たり前になって初めて「ダンサーが主役として、音楽番組に出られるものなんだ」と胸《むね》を張《は》って言えると思っています。今以上に、自分たちならではの作品で活躍《かつやく》していきたいです。

新聞掲載：2022年1月15日

Column もっとくわしく知りたい！

リアルな現場の最前線

ダンスに関わるお仕事には他にどんなものがあるの？

「ダンスが好きだから、将来《しょうらい》はダンスの仕事がしたい」という人もいるのでは。

s**t kingz《シット キングス》さんのようにダンサーとして表舞台に立つ方法もあるが、じつはさまざまな形で関わることができる。

ダンスの振付《ふりつけ》を考えるコレオグラファー（振付師《ふりつけし》）や公演のプロデュースを担《にな》う演出家は、いまやダンサー同様に注目の的。ともに、ダンスや演目の魅力《みりょく》を引き出し、世界観を創《つく》り上げている。映像《えいぞう》制作で力を発揮《はっき》するミュージック・ビデオ（MV《エムブイ》）監督《かんとく》という仕事もある。

芸能界以外ではテーマパークダンサー、ダンスインストラクター……好きなことを仕事にする方法はいろいろあるのだ。

好きを追求する
3

ペンキ絵は、Not《ノット》「アート」But《バット》 Paint《ペイント》

銭湯《せんとう》ペンキ絵師
田《た》中《なか》みずき

湯《ゆ》煙《けむり》の向こうに見た富士山

たちこめる湯煙の向こうに鮮《あざ》やかな青い空の下、富士山と湖が見える。湯船をジャバジャバ音を立てて進む人がいて、水面も自分も揺《ゆ》れる。誰かの背《せ》中《なか》を覆《おお》う湯気が、奥《おく》に描《えが》かれた雲と重なる。あれっ、私も絵の中にいる?

生まれて初めて入った銭《せん》湯《とう》での衝《しょう》撃《げき》は忘《わす》れられない。当時20歳《さい》、自《じ》宅《たく》から歩いて3分の老《し》舗《にせ》を訪《たず》ねた。昭和初期の木造建築で、昔から前を通り過ぎてきたが、一歩入ると別世界だった。

「壁《かべ》に吸《す》い込《こ》まれる感覚で絵を眺《なが》めていると、知らないおばあちゃんに『この

2023年3月に新装開店《しんそうかいてん》した「深川温泉　常盤湯《ときわゆ》」。富士山とともに、長年の常連客がかつて玄関《げんかん》で見て親しんできたタイル画の「宝船《たからぶね》」を描《か》き添《そ》えた＝東京都江東区

絵を描《か》いた人はね』『身長何センチ？』って声をかけられて。違《ちが》う世代が裸《はだか》をさらし、今と昔をごちゃごちゃにやりとりしている。ＳＦの世界というか、時間旅行をしている気分でした」。

20年を経た今、国内に3人しかいない銭湯《せんとう》ペンキ絵師として活躍《かつやく》している。最も若くて、唯一《ゆいいつ》の女性だ。

■見て盗《ぬす》んだ技術

幼《おさな》いころから絵を描《か》くのは大好き。亡《な》き父が美術を担当《たんとう》する朝日新聞記者で、世界中の著名《ちょめい》画家の作品に触《ふ》れて育った。高校では現代美術家を志し、美大受験専門《せんもん》の予備校へ。だが狭《せま》き門だと考え直し、美術史を学んで将来《しょうらい》に役立てようと明治学院大学へ進んだ。

そこで出会ったのが、日本では庶民《しょみん》が生活の中で絵を眺《なが》めて楽しんでいた史実だ。明治期、西洋から持ち込《こ》まれた絵画の鑑賞《かんしょう》方法とは明らかに違《ちが》う。好きな現代美術家たちも銭湯《せんとう》ペンキ絵をモチーフにしていた。そこで初めて実物を見て、魅《み》せられた。卒論《そつろん》で「なぜ銭湯の壁《かべ》に富士山が描《えが》かれ続けてきたのか」

プロフィール

国立の小学校に入学

1983年 大阪府生まれ。すぐに東京へ移転、幼いころから体が弱かった。国立の小学校に入学、高校まで一貫校《いっかんこう》という自由な校風の中でのびのび育つ。

ニューヨークへ家族で訪《たず》ねた

2002年 明治学院大学文学部へ進学。卒論テーマに選んだのを機に2004年、銭湯ペンキ絵師の中島盛夫《なかじまもりお》さんに弟子入りする。写真は2005年2月、現代美術を鑑賞《かんしょう》しにニューヨークへ家族で訪ねたとき（本人は右端《みぎはし》）。

2008年 大学院修了《しゅうりょう》。1年半の出版社勤務《きんむ》後、美術批評《ひひょう》サイト「カロンズネット」の編集長やビジネスホテルのフロントでアルバイトをしながら、職人として修業を積む。

2013年 修業を終えて独立。同じ時期に結婚《けっこん》し、夫婦で働き始める。

2020年 4月、男児を出産。

2022年 5月、初の著書《ちょしょ》『わたしは銭湯ペンキ絵師』（秀明大学出版会）出版。

を研究することにした。

制作現場に行き、職人が瞬《またた》く間に仕上げる様子に圧倒《あっとう》された。一方、業界は銭湯《せんとう》の軒数《けんすう》が半世紀前の10分の1に激減《げきげん》、ペンキ絵の担い手は、当時もたった3人で、全員60代以上。１００年以上続く技術を絶やせないと、弟子入りを申し出た。何度も断られながら「別の稼《かせ》ぎ口を持つこと」を条件に許され、師匠《ししょう》の荷物運びから始めた。

空ばかり塗《ぬ》る数年が過ぎ、海に浮《う》

夫が組んだ床上《ゆかうえ》3メートル近くの鉄足場の上で制作。12時間以上に及《およ》ぶことも＝東京都江東区の「深川温泉　常盤湯《ときわゆ》」

かぶ小島を任《まか》され――。その間、大学院を出て美術系出版社へ就職《しゅうしょく》したが、両立できずに1年半で退職《たいしょく》。ホテルのアルバイトなどで収入《しゅうにゅう》を確保しながら腕《うで》を磨《みが》き、見習い期間を含《ふく》む9年間を経て、2013年、独立した。そこから生業となり、夫で便利屋を営む駒村《こまむら》佳和《よしかず》さんが、足場を組むなどの作業を担《にな》う。遠方への出張には、3歳《さい》（取材時）の息子も連れて行く。

大学時代、**父は「ペンキ絵は、Not《ノット》『アート』But《バット》Paint《ペイント》、だなぁ」と冗談《じょうだん》めかして言った。この一文を名刺《めいし》の裏《うら》に刷《す》り込み、その意味をずっと問い続けている。**

田中みずきさんに **聞いてみよう**

Q

銭湯《せんとう》は減り、全国浴場組合によると全盛期《ぜんせいき》は1968年の1万7999軒《けん》、2023年は1765軒と10分の1になりましたね。

A

私自身も成人するまで無縁《むえん》でした。衰退《すいたい》はマイホーム普及《ふきゅう》と同時に始まり、状況《じょうきょう》によっては、あと半分ぐらいが淘汰《とうた》される可能性もあるかも。ただゼロになることはないと思います。

20年前から業界を見ていますが、ネットの力は大きいです。**2000年代は銭湯好きな人がブログで発信し、興味を持った人が足を運ぶようになりました。2010年以降はツイッターを始めとするSNSが普及し、若者がエンターテインメントとしてとらえ始めました。**

今は若い世代が「昭和レトロ」に興味を抱《いだ》き、ここ数年のサウナブームもあって盛り上がっています。例えば老舗《しにせ》の改築《かいちく》は、寺社風建築など昔ながらの味を残しつつ、お湯は炭酸泉とか。

地域おこしを担《にな》っていたり、「日本盛《にほんさかり》」や「ビームス」などの企業《きぎょう》が宣《せん》伝《でん》PRの場に活用したり、面白い試みが広がっています。

Q

ペンキ絵制作は早朝から始まり、大変な肉体労働です。どのように仕事をしているのですか?

A

昔から銭湯《せんとう》の休業日を使って丸1日で仕上げます。私は、とび職だった夫と道具類一式を積んだ車で現場入りし、足場を組み、材料を運び込《こ》む。次に壁《かべ》の状態を確認《かくにん》します。前のペンキのささくれを削《けず》り、地の部分が出ていたら下地剤《したじざい》で補修《ほしゅう》し、カビを落とす。描《か》き始めるまで1、2時間かかることもあります。

「現代の名工」に選ばれた師匠《ししょう》のスピーディーな仕事を見たとき、前の絵と全く違《ちが》う構図をリズミカルに完成させる様に引き込《こ》まれました。非常に効率的で、天井近くの上から下へ、塗《ぬ》り重ねずに一度で決めるのです。

それを修業中「見て盗《ぬす》む」。**職人の世界は手取り足取り教えられず、技術を習得するまで長い時間がかかって落ち込みました。しかし「私はなぜ描《か》くのが遅《おそ》いか」を考え、後で師匠のやり方を見て気づく機会を与《あた》えられたことは大きな意味がありました。独立して一人になったときに感じました。**

Q 非効率でも自分の中に「問い」を見つけることが大切だと？

A

はい、成長するのに欠かせない知恵《ちえ》だと思います。

実は大学時代に「毎週一つ質問する」というノルマを自分に課しました。きっかけは入学直後の授業中、ある学生がした質問で、私は質問自体の意味がわからなかった。専門知識に基《もと》づく内容で、先生からより面白く深い回答を引き出したんです。私もそんな質問を、と片道2時間以上の通学中、分厚い研究書を読むことに費やしました。

問いの立て方は、卒論《そつろん》でも役立ちました。江戸時代の禅僧《ぜんそう》仙厓《せんがい》（1750〜1837）が、サラッと一筆で気楽に描いたお坊《ぼう》さんの絵を見ると、思わずクスッと笑ってしまいます。

私は、日本人が日常の中で身近に感じて面白がってきた「絵画」に興味を持ちました。その一つが銭湯《せんとう》ペンキ絵で、定番化されているけれど、美術史的な観点から、誰《だれ》のために描かれ、どうやってモチーフが決まったかを研究しようと。父には「最初はアカデミックな美術の基礎《きそ》を」と言われましたが、説明すると理解してくれました。

Q 3歳《さい》の息子さんを育てているのですか？

A

ずっと「産まない人生」を想定していたのですが、2019年春、なんとか1年間、空けられそうだと。当時36歳で、今しかないと妊活《にんかつ》（妊娠《にんしん》活動《かつどう》）を始めました。不妊治療《ふにんちりょう》は経済的《けいざいてき》に難《むずか》しく、翌年《よくねん》の仕事を控《ひか》えた期間限定で、妊娠がわかるまですごく心が揺れました。

私は「夫の子どもがいたらうれしい」と思ったんですが、後で大ばくちだと気づきました。仕事を休まざるを得ず、医療費《いりょうひ》もかかるのに、経済的な補助《ほじょ》がない。日本で女性の職人が妊娠を考えることは、本当に厄介《やっかい》だと思いました。

ただ結婚《けっこん》直後、塗装《とそう》会社の女性に「もし妊娠を考えていたら」と休業すべき期間や危険《きけん》な塗料《とりょう》についてのアドバイスをいただいていました。おかげで産後も安全な塗料を探せて、産める可能性を広げてくれました。

Q ところで、なぜ富士山が描《えが》かれるのでしょうか？

A 今でも9割から頼《たの》まれ、理由は諸説《しょせつ》あるようです。**14世紀に禅僧《ぜんそう》が富士山の飾《かざ》り物を見ながら入浴したとの記録があり、大正期には銭湯《せんとう》の壁《かべ》**

に富士山を自社広告として出した会社も。近世・近代の都市部では、富士《ふじ》塚《づか》や見世物のパノラマなど疑似《ぎじ》体験で大きな富士山を楽しむ文化があり、多様な需要《じゅよう》の一つだったのではと思います。

銭湯《せんとう》ペンキ絵は、かつて1軒《けん》の銭湯で同じ絵師が毎回構図を変えて描《か》き続けた、絵でありながら芸術とみなされない「境界線」です。だから街の人が何も考えずにボーッと眺《なが》められる。店主とお客さんをつなぐ、何げない会話の糸口になるような絵をこれからも描きたいです。

好きを
追求する
4

自分の好きな技で人を楽しませたい

ジャグリングパフォーマー
ちゃんへん.

夢を追い、「境界」を越《こ》える旅

体育館のステージから降《お》り、床に座《すわ》る生徒らの前に立つ。2020年末、神戸市内の高校。音楽に合わせて技を繰《く》り出すと、生徒たちが少しずつ前のめりになる。

ディアボロというコマを天井近くまで次々放り投げる大技。一身に視線《しせん》を感じつつキャッチすると、拍手《はくしゅ》と歓声《かんせい》が響《ひび》く。「この瞬間《しゅんかん》、**みんなと僕《ぼく》が互いの境界線を越《こ》えたと感じる**」。

在日コリアン3世。通っていた京都市内の公立小学校では、朝鮮人であることでいじめられ、4年生になると連日、上級生のリンチを受けた。教師の知るところとなり、全員が校長室に呼《よ》ばれた。

祇園《ぎおん》でクラブを営む母が、到着《とうちゃく》するなり校長に言い放った。**「いじめがなくならへんのは、この学校でいじめよりおもろいもんがないからや」**。さらに続けた。**「素敵《すてき》な夢持ってる子はな、いじめなんかせえへんのや！」**。上級生への言葉だったが、自身の胸《むね》に深く刻《きざ》まれた。

「ジャグリングによって自分の限界値を知ることができる。技術を積み重ねるだけでなく、自分自身を掘《ほ》り下げているような感覚です」＝大阪市北区

ジャグリングと出会ったのは中学2年。世界王者の映像《えいぞう》を見た。得意だったヨーヨーの大会はルール内で点を競うが、もっと自由で魅力的《みりょくてき》に映《うつ》った。「自分の好きな技で人を楽しませたい」。難《むずか》しい技に挑戦《ちょうせん》を繰《く》り返すうち、下を向きがちだった性格も明るさを取り戻《もど》した。

中3のとき。米国の大会に出たいと母に告《つ》げると、祖父母宅に連れていかれた。母は息子に韓国籍《かんこくせき》を取らせたい、と土下座《どげざ》した。在日の人々は戦後に日本国籍《こくせき》を失って無国籍状態の朝鮮籍となり、どこかの国籍を取らないと渡航《とこう》が難しい。祖母は激怒《げきど》したが祖父が言った。

「俺《おれ》の夢は、祖国が一つになったとき、バラバラに

ここが気になる！

ジャグリングってどんなことをするの？

ジャグリングとは、ボールやディアボロ（2つのお椀《わん》がくっついたような形の中国ごま）、クラブ（ボーリングのピンに似ている棒《ぼう》）などの物体や道具を投げたり、操《あやつ》ったりすること。物体や道具を巧みに操る人を「ジャグラー」と呼《よ》ぶ。近年、スポーツや趣味《しゅみ》としてのジャグラーも増えており、ジャグリングの団体も数多く活動している。

なった兄弟と一緒《いっしょ》に暮《く》らすことや。でも、俺の夢はもう叶わんかもしれん。でも、こいつの夢は、国籍を取るだけでチャレンジできる」。

プロフィール

1985年 京都《きょうと》府《ふ》宇《う》治《じ》市生まれ。本名は金昌幸（キムチャンヘン）。

生後間もないちゃんへん.さんと母の昌枝さん＝1985年、京都府宇治市

1997年 雑誌《ざっし》の懸賞《けんしょう》でヨーヨーが当たり、没頭《ぼっとう》。

1999年 ジャグリングと出会う。翌年《よくねん》、韓国籍を取得し米国のパフォーマンスコンテストで優勝《ゆうしょう》。2002年、「大道芸ワールドカップ」に芸名「ミスター・マシュー」として最年少の17歳《さい》で出場。人気投票1位。

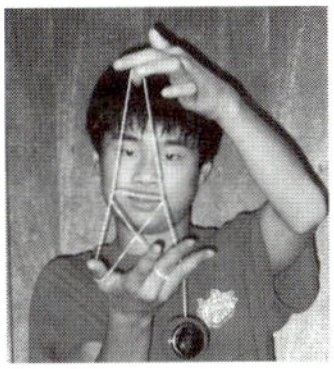

ヨーヨーにはまっていた小6の頃。「東京タワー」という技。

2004年 テレビ番組「たけしの誰《だれ》でもピカソ」に出演。北野武さんの「君は大学行くより海外に行ったほうがいい」の一言で大学を入学直後に中退《ちゅうたい》、主に海外で公演するように。

2009年 現在の芸名に変え、日本を拠点《きょてん》に。2010年、豪州《ごうしゅう》「第50回ムーンバフェスティバル」で最優秀パフォーマー賞。

2020年 自伝『ぼくは挑戦人《ちょうせんじん》』（ホーム社）を出版。ラップ歌手としてアルバム「NEW ZAINICHI《ニュー ザイニチ》」発表。セントラル映電《えいでん》とプロモーション契約。

大会で優勝《ゆうしょう》し、高2で大道芸W杯《ワールドカップ》の人気投票1位に。アップテンポな音楽に乗せ10演目以上を続ける芸は斬新で、海外公演が一気に増えた。

10代にして海外でプロになったサッカー界のカリスマになぞらえ「パフォーマー界のカズ」とも呼《よ》ばれた。

■「僕《ぼく》にできるのは問題提起。それを続けている」

北朝鮮と韓国を旅し、両国側から軍事境界線を現実のものとして直視《ちょくし》した。ケニアのスラムやパレスチナでも技を披露《ひろう》。82の国・地域《ちいき》で人々

著作《ちょさく》の題は『ぼくは挑戦人《ちょうせんじん》』。「ちょうせんじん、というと差別や偏見《へんけん》を連想する人が多いかもしれない。その響《ひび》きをポジティブなものに変えていきたい」。公演後の語りの時間は、自作のラップで締《し》める＝神戸市西区

と対話し、生と死の境、民族や宗教《しゅうきょう》による価値観《かちかん》の違《ちが》いを体感した。今は日本を拠点《きょてん》に学校などで年200回公演し、自身の半生を語る。

音楽と動きをピタリと止めては、また動き出す。**静と動、その境界線を行き来するステージ。成功と失敗。「諦《あきら》める」と「諦めない」。自分の中の日本と朝鮮。そして「僕」と「あなた」。日々の暮《く》らしでも、常にその境の在りかを探《さが》している。「境界線って、探《さが》し出すことさえできればどこかに必ず越《こ》えられる場所がある**と思っている」。

ちゃんへん.さんに **聞いてみよう**

Q 京都で在日3世として生まれ、公立小学校へ通われましたね。

A 父方の祖父は戦時中、14歳《さい》で釜山《プサン》から日本に渡《わた》り、済州島《チェジュとう》出身の祖母と結《けっ》婚《こん》しました。幼《おさな》い頃《ころ》は外国人という意識もなく、家では日本語とウリマル（韓《かん》国《こく》・朝《ちょう》鮮《せん》語《ご》）を交ぜて話していました。でも、入学式で先生らに「アンニョンハシムニカ！」と言うと「え？」って。そして、受付で母が「岡《おか》本《もと》昌《まさ》幸《ゆき》」と言ったとき、初めて、もう一つの名があると知りました。

Q

小3から壮絶《そうぜつ》ないじめを受けたそうですね。

A

給食で出たピビンバについて語ったことがきっかけです。最初は無視《むし》され、その後は教科書に「ちょうせん人死ね!」と書かれたり。小4では上級生に毎日殴《なぐ》られていました。あるとき、校舎の4階から、石を詰《つ》めたバケツを体付近に落とされました。

校長室に呼《よ》ばれた彼《かれ》らを、母は直接責めませんでした。そして帰り道に「あの子らを恨《うら》んじゃだめ」と。ひどい言葉を投げかけられてもそのまま受け取らず、裏にある意味を考えろと言いました。

実際、いじめっ子の一人は親から虐待《ぎゃくたい》されていて、中学卒業後に自殺しました。今思えば、僕《ぼく》に「朝鮮人《ちょうせんじん》め」と言っていたその言葉は「俺《おれ》、家で苦しいんだ」という気持ちの表れだったのかもしれません。

Q ジャグリングの前にまずヨーヨーに出会ったとか？

A

当時ブームだった「ハイパーヨーヨー」に熱中しました。きっかけは『月刊コロコロコミック』の懸賞《けんしょう》でヨーヨーを当てたこと。『コロコロ』と言うと思い出す人がいます。団地の公園でいじめられていた小4のとき、「やめてください」と言って助けてくれた、気の弱そうなおっちゃん。昼間いつもそこで小学生と遊んでいて、近所の人や教師は不審者《ふしんしゃ》扱いしていました。

でも僕《ぼく》はそこから、毎日一緒《いっしょ》に過ごしました。いつも『コロコロ』を読ませてくれて、ミニ四駆《よんく》で遊ぶ。ヨーヨーにはまり公園から遠ざかったときも「好きなことを見つけてよかった。まさくんならミニ四駆もうまいから、きっと上手になる」と。

その後おっちゃんは自殺しました。近所のうわさで、母親の介護《かいご》に疲《つか》れていたようだと知りました。

Q

学校生活はどうでしたか?

A

僕がテストで良い点を取ったら「カンニングしてへんやろな」とか。その一言でやる気を無くしました。ジャグリングについても「遊んでないで勉強しろ」。中3の担任《たんにん》だけが「ジャグリングすごいな。勉強の方もがんばりや」と言ってくれました。子どもに必要なのは、たくさんの体験と、ほめられる経験だと思うんです。

Q 韓国籍《かんこくせき》を取るときに、おばあさんは反対したそうですね。

A 最初は「北朝鮮《きたちょうせん》を支持してるんだ」と思いましたが、祖母は言いました。「南北分断を認めるんか！」。多くの家族が離散《りさん》し、朝鮮戦争も起きた。祖母は12歳《さい》で渡日《とにち》し、「後から行く」と言った母親と一生会えずじまい。戦争そのものを憎《にく》んでいたんです。当事者意識《とうじしゃいしき》に欠けた自分を反省しました。

Q 高校を出てからは海外を巡《めぐ》って公演しましたね。

A ケニアでは男３人に襲《おそ》われ、スラム街に連行されました。「技をやってみろ」と言うので、子どもらに披露《ひろう》したらすごい笑顔になって。１人が

「俺《おれ》は子どもたちの選択肢《せんたくし》を増やしたい。自分のようになってほしくない」と。ギャングの彼らが街の治安《ちあん》を守っていました。

パレスチナの難民《なんみん》キャンプでも公演し、「ジャグリングで世界を平和に」なんて思っていると、近くで若者が兵士に撃《う》たれて死んだのです。甘《あま》かったです。「問題解決」なんて口にできない。僕《ぼく》にできるのは問題提起だと思い、ジャグリングや講演でそれを続けています。

Q

日本では、隣国《りんごく》へのヘイトスピーチが目立ちますが、どう思いますか？

A

旭日旗《きょくじつ》を持ってヘイトデモ（ヘイトスピーチを伴うデモ）に向かう若者に「目的は何？」って聞いたことがあります。でもちゃんと答えられない。すぐに飲み会を開き、彼らを誘《さそ》いました。韓国《かんこく》料理やマッコリを振《ふ》る舞《ま》うと、打ち解けて「友だちがいない」「会社でむかつくことがある」など色々話してくれました。

Q

目指すゴールは？

A

いろんな「考え方」に出会いたいと思っています。ギャングなら、なぜギャングになったのか。特定の民族や宗教《しゅうきょう》は、何を大事にしているのか。それを知りたいです。民族差別やいじめは許せないけど、「だめだ」で片付く問題じゃない。彼らの経験や考えを知り、自分と彼らを分け隔《へだ》てる境界は何なのかを探りたいです。

ジャグリングでも、舞台《ぶたい》に出た瞬間《しゅんかん》から、お客さんとの間に境界線はあります。そこをどう越《こ》えるかを探りつつ、技を繰《く》り出します。僕《ぼく》に感情移入してくれたら、技が決まると大喜びしてくれます。

日常生活でも同じことを続けたい。相手の話を聴《き》き、魅力《みりょく》を一緒《いっしょ》に探《さが》し出し、共有できる点を見つけるという、あのおっちゃんがしてくれたことを、僕は、他のみんなにもしたいんです。

新聞掲載：2021年3月20日

ヘイトスピーチの問題点ついて もっと詳しく知りたい！

ヘイトスピーチとは、個人や集団についての差別的で、軽蔑的な表現のこと。「アイデンティティー要素（宗教、民族、国籍、人種、肌の色、血統、ジェンダーなど）」や言語、経済的・社会的出自、障害、健康状態、性的指向など、多岐にわたる特徴をも非難することを指す。

これらの事柄は自分ではどうすることもできない個人の特徴であり、ヘイトスピーチによって人としての尊厳を傷つけたり、差別意識を生じさせたりするなど、社会不安を与える要素となっている。そのため、2016年「ヘイトスピーチ解消法」が施行され、禁止行為とされている。

好きを追求する
5

「どこにもないドラマ」を追求したい

テレビプロデューサー
佐《さ》野《の》亜《あ》裕《ゆ》美《み》

ドラマ作りほど面白い仕事はない

ドラマ好きをうならせる質の高い作品を次々と世に送り出してきた。今は放送中（取材当時）の「エルピス―希望、あるいは災《わざわ》い―」（関西テレビ制作）が話題を呼《よ》んでいる。冤罪疑惑《えんざいぎわく》の真相を懸命《けんめい》に追うテレビ局の人々とともに、権力《けんりょく》を前に萎縮《いしゅく》するマスコミの実態もあぶり出す。朝ドラ「カーネーション」などで評価の高い脚本家《きゃくほんか》の渡辺《わたなべ》あやさんと6年越《ご》しで温めてきた作品だ。

視聴率《しちょうりつ》や経済《けいざい》効率が優先《ゆうせん》される昨今のドラマ制作の現場にあって「どこにもないドラマ」をめざし、オリジナルの脚本と丁寧《ていねい》な作り込《こ》みにこだわる。

物語に携《たずさ》わる仕事をしたいと2006年、TBSに入社。会話劇の名手、坂元《さかもと》裕二《ゆうじ》さんに脚本《きゃくほん》を依頼《いらい》した「カルテット」（2017年）、2020年に関西テレビに転職後、再び坂元さんとタッグを組んだ「大豆田とわ子と三人の元夫」（2021年）も高い評価を得た。

子どものときから物語が大好きだった。**小説と漫画《まんが》に夢中になる一方で、想像の世界と実際の社会との乖《かい》離《り》、自分の居場所のなさに悩《なや》み続けた。**手がけるドラマで居場所のない

「人を楽しませるのが好き」。エンディングロールまで凝《こ》った仕掛《しか》けのあるドラマを作る。プロデューサーの仕事はドラマのすべてに責任をもつことだという＝東京都港区

人たちが登場する物語が多いのは、自身の体験が企画に投影《とうえい》されているからだ。

自分には価値がないと思い続けてきたが、2016年、渡辺《わたなべ》さんに出会い、人生が変わる。連続ドラマの脚本《きゃくほん》を依頼《いらい》したが、当初のテーマはラブコメ。話が弾《はず》まなかった。「忖度《そんたく》」が社会に蔓延《まんえん》するなか、なぜ日本の政治はこんなにひどくなったのかと雑談すると大いに盛《も》り上がった。

渡辺さんに、本当は何をつくりたいのかを問われ、実在の冤罪事件《えんざいじけん》に着想を得た社会派《しゃかいは》のテーマへと変更《へんこう》。それが「エルピス」だった。東大在学中、弁護士をめざした時期もあり、司法や事件に関心があった。

企画《きかく》は通らなかったが、渡辺さんに全話の執筆《しっぴつ》を

ここが気になる!

「エルピス」ってどんなストーリーなの?

スキャンダルによって落ち目となった女性アナウンサー（長澤《ながさわ》まさみ）とバラエティー番組の若手ディレクター（眞栄田郷敦《まえだごうどん》）らが、10代の女性が連続して殺害された事件の冤罪疑惑《えんざいぎわく》を追及《ついきゅう》する。冤罪とは、無実の罪で犯罪者として扱われること。予想のつかない展開、ハッとさせられる印象的なセリフも、多くの視聴者《しちょうしゃ》をこのドラマの虜《とりこ》にした。

依頼。主役は長澤まさみさんを想定し、脚本が3話できた段階《だんかい》でオファーするとぜひ出たいと返事があった。各社を回るが放送は決まらない。宙《ちゅう》に浮《う》いた状態が続いたが、この作品は面白い、絶対に放送する、という信念は揺《ゆ》るがなか

プロフィール

1982年 静岡県生まれ。幼《おさな》い頃《ころ》から物語を読むのが大好きだった。小・中学時代はアニメ「新世紀エヴァンゲリオン」やＢＬ（ボーイズラブ）の漫画《まんが》・小説、レオナルド・ディカプリオに、高校時代は「高校教師」など野島伸司《のじましんじ》さんのドラマに夢中になる。

2000年 東京大学文科1類入学。教養学部超域文化科学科（表象文化論専攻《せんこう》）へ進む。

2006年 TBS入社。

2013年 「潜入探偵《せんにゅうたんてい》トカゲ」で初めて連続ドラマをプロデュース。その後「ウロボロス～この愛こそ、正義。」「おかしの家」「99.9―刑事専門弁護士」などを担当《たんとう》。

2016年 「カルテット」を手がけ、翌年《よくねん》、エランドール賞・プロデューサー賞受賞。

2020年 関西テレビ放送入社。2021年の「大豆田とわ子と三人の元夫」で翌年大山勝美賞受賞。

2022年 業務委託《いたく》でプロデュースした「17才の帝国《ていこく》」（NHK）、「エルピス―希望、あるいは災い―」が放送。

★気分転換《てんかん》は料理と海外旅行。

った。ドラマの現場を離《はな》れる人事が出たのを機に、TBSを退社《たいしゃ》。「エルピス」の制作に背中《せなか》を押《お》してくれたこともあり、関西テレビに入った。

渡辺《わたなべ》さんが、プロデューサーとして評価する点は「良い作品を作りたいという欲望《よくぼう》の強さ」だ。「執着《しゅうちゃく》やエゴとは違《ちが》う、たとえば、植物が大輪の花を咲《さ》かせたいと願うような、純粋《じゅんすい》で鮮《あざ》やかなエネルギーを感じさせられる」。

ドラマ作りほど面白い仕事はないと思っている。65歳《さい》まで現場に立つつもりだ。

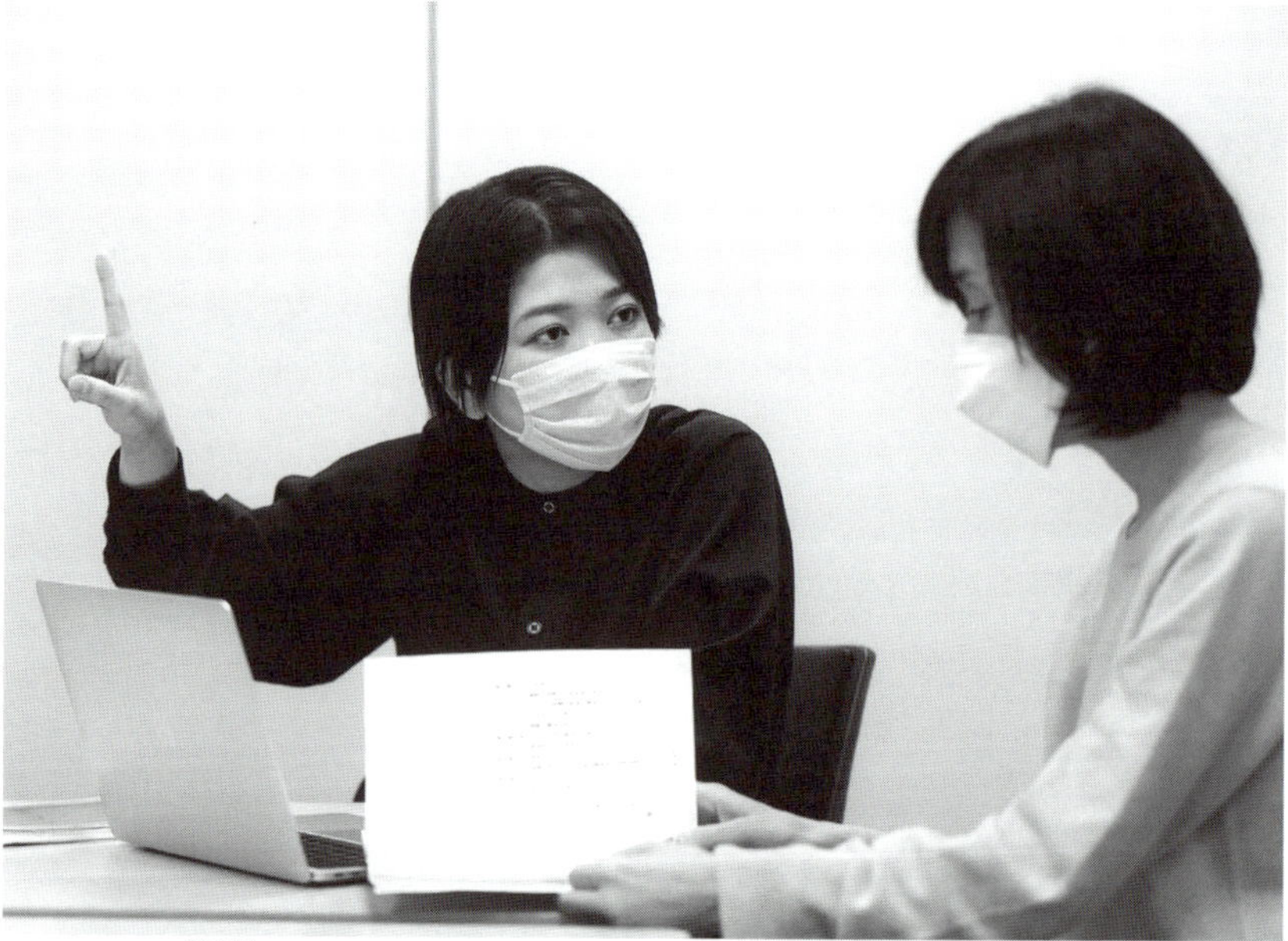

「エルピス」の脚本《きゃくほん》を書いた渡辺あやさん（右）と台本を前に打ち合わせをする。撮影《さつえい》が終わった後も放送されるまでチェックを重ねる＝東京都中央区

佐野亜裕美《さのあゆみ》さんに聞いてみよう

Q

ドラマ「エルピス」は企画《きかく》から放送まで6年もかかったそうですね。

A

脚本家《きゃくほんか》の渡辺あやさんに初めて会ったのは2016年、ドラマ「カルテット」を準備していたときです。以来、島根県に暮《く》らすあやさんのところに20回ほど行きました。

打ち合わせは、ほとんどが雑談です。当時あやさんは私の第一印象を「しょぼくれた柴犬《しばいぬ》が来た」と言っています。その頃《ころ》、会社では組織の環境《かんきょう》に合わずつらかった。現場の仕事が評価されず自信もありませんでした。

そんな私にあやさんは、プロデューサーとして何がしたいのか、あなたは何者なのかと聞いてきました。心に言葉が刺《さ》さり、涙《なみだ》がポロポロ出たことも。聞くだけでなく、叱咤激励《しったげきれい》してくれました。

その結果、**自分の価値《かち》は自分で決めるのだと思えるようになった**のです。「エルピス」は、価値がないと他者からレッテルを貼《は》られた主人公2人が、自分の価値を自分で認《みと》めていく物語です。主人公たちには、私自身の姿《すがた》が投影《とうえい》されているといえるかもしれません。

Q

「エルピス」ではテレビ局の様子を赤裸々《せきらら》に映《うつ》しています。描《えが》くのに勇気はいりませんでしたか。

A

勇気？　どうして？　私の中にはそれをストップするブレーキが存在《そんざい》しないので、描くことが大変なことだとは思わないのです。

「よくぞテレビ局の実態を」みたいに言われるのがよくわからない。自分たちが一番よく知っている世界なんだから、それを描くのは当然。そのほうが面白いと思うんですよ。医療《いりょう》ドラマは病院の中の問題や癒着《ゆちゃく》を扱《あつか》っています。**自分のところを批判的《ひはんてき》に描けないのに、他のところを批判的に描**

けるのか、という思いがあるんですよ。
ドラマはフィクションです。今回、「エルピス」のメディア側の人々は、一人一人、完全な悪人ではなく多面的に描かれた。怒られることでもないし、自分たちでブレーキをかけるようなことでもないという確信があります。

Q

「エルピス」「カルテット」「大豆田《おおまめだ》とわ子と三人の元夫」……、キャスティングが絶妙《ぜつみょう》です。どう選んでいるのですか？

A

「エルピス」の長澤《ながさわ》まさみさんはアンバランスさがいいなあと。自分の内側にあるエネルギーと、外に表出している像《ぞう》が合っていない。本当はすごいエネルギーがあるのに、それを出しきったら破裂《はれつ》しそうな。でもそれは、私が勝手に思っているイメージかもしれません。

基本的には、俳優《はいゆう》と個別に親しくすることはありません。「プロデューサーは裁判官《さいばんかん》たれ」。TBS時代、そういう教えを受けました。プロデューサーとして、現場の様々な場面で、つねに客観的にジャッジしなければいけない立場にいるからです。

「カルテット」では、松たか子さんと満島《みつしま》ひかりさんのかけあわせを見たかった。松さんって、天性のコメディエンヌだと思うんです。でも、そうした松さんが見られるドラマはこれまでないと思いました。あの黒目が本当に魅力的《みりょくてき》で。坂元裕二《さかもとゆうじ》さんに書いてもらいたいと思いました。松さんにも満島さんにも、出てほしいと手紙を書きました。**プロデューサーの仕事の大半は、口説《くど》くこと、謝ること**です。

Q 今、ドラマの撮影《さつえい》は厳《きび》しい状況《じょうきょう》だと聞きますが、本当ですか？

A

前回の撮影《さつえい》はコロナとの闘《たたか》い、今はガソリンなどがどんどん値上《ねあ》げされ、物価高との闘いでした。

制作費はテレビ局全体で年々下がっています。なのに、人件費は上がっているのです。業界に入る人は減っていて、ここ数年、急激《きゅうげき》に映像《えいぞう》スタッフの奪《うば》い合いが起きています。今やネットフリックス、アマゾンなどの動画配信もそれぞれオリジナルの映像作品を作ろうとしている。深夜ドラマも増えています。

なぜ、ドラマが増えているか。ティーバーとかのランキングに入っているのは、ほとんどがドラマなんで

す。二次利用、三次利用と広がっていくのはドラマ。うまくいけば海外にも出ます。でも映像《えいぞう》業界のことを考えると、枠《わく》を絞《しぼ》り、お金と時間を費やしたほうがいいと個人的には思います。私一人がほえたところでどうにもできないのが苦しいところです。

Q

ご自身がかつて職場で受けた性暴力についてX（元ツイッター）にあげたのは、どうしてですか？

A

2022年、映画界できちんと性暴力を告発するために女性たちが声をあげたことに個人として連帯したいと思いました。プロデューサー

ここが気になる！

日本でも性暴力を告発する動きが活発化

2020年を前後して、日本でも性暴力を告発する動きが活発化した。中でも「# Metoo」運動は、セクシャルハラスメントや性的暴行など、今まで沈黙《ちんもく》していた問題に対して「『私も』性犯罪の被害者《ひがいしゃ》である」と発信、連帯することで、世の中を変えていこうとする動きのひとつ。2017年頃《ころ》に欧米《おうべい》を中心に生まれたこの運動は、日本でも急速に広がりをみせている。

という、ある部分では**権力《けんりょく》をもつ者、内側にいる人間が何かを発信するべきかと。**X（元ツイッター）の記事自体は友達向けに数年前にフェイスブックに書いていたことです。再掲載《さいけいさい》しました。

自分もこういう経験をしてこうやって生きてきちゃったけれど、それに対する、今、こういった反省があるということを、若い人たちのためにも、今闘《たたか》っている人のためにも言っておこうと。**勇気を出して告発した人たちがたたかれる、という風潮《ふうちょう》が日本にはあります**。それに対する抗《あらが》いと自分にできるささやかな連帯《れんたい》です。

Column もっとくわしく知りたい！

リアルな現場の最前線

「プロデューサー」ってどんな仕事をするの？

「プロデューサー」という言葉はよく聞くけど、実際何をしているのか、よくわからなかったりしないだろうか？

プロデューサーとは、文字通り、プロジェクト（計画）の責任者のこと。例えば、テレビドラマのプロデューサーの場合、ドラマの企画《きかく》立案やドラマ制作のための予算設定や管理、スポンサーを含《ふく》めた協力関係者や出演者や事務所との交渉《こうしょう》など、プロジェクト全体を見据《みす》えながら、多岐にわたる仕事を行う。

また、制作の資金面、管理面のすべての権限《けんげん》を握《にぎ》っているので、責任重大な役割《やくわり》を担《にな》っている。

好きを
追求する
6

無駄《むだ》なものが、新しい価値《かち》の創造《そうぞう》になる

株式会社「無駄」社長
藤原麻里菜《ふじわらまりな》

不必要？なものの量産

東京《とうきょう》・渋谷《しぶや》のセンター街の一角《いっかく》。「株式会社無駄渋谷支展《かぶしきがいしゃむだしぶやしてん》」なるものが8〜9月に開かれていた。

「オンラインミーティング（飲み会）緊急脱出《きんきゅうだっしゅつ》マシーン」「札束で頬《ほお》を叩《たた》かれるマシーン」といった「無駄なもの」に囲まれ、社長が無表情で立っている。ファンが近寄ってきて、一緒《いっしょ》に写真撮影《さつえい》を求められると、ピースサインをして表情をゆるめた。

来場した女性は「**効率を求められる世の中に、こうした無駄なものばかり作**

るのは魅力的《みりょくてき》」と笑う。「緊急脱出マシーン」は、オンラインミーティング中に画面が止まったかのように装《よそお》う。接続が悪いときに、画面中央でぐるぐる回転する輪を模《も》した物を目の前に出すという、何ともアナログな装置《そうち》だ。

これまで２００を超《こ》える作品を作り続けてきた。何のために必要なの？　というものばかり。展示《てんじ》されていた「イヤホンケーブルを絡《から》ませるマシーン」も、その一つだ。

「イヤホンケーブルを絡ませるマシーン」を巨大化したものと。「巨大化したらどうなるのか、想像するのが、楽しい」。展示会の来場者たちも、イライラしながら楽しんだ＝東京都渋谷区

■自分が作りたいものを作っているだけ

横浜市《よこはまし》生まれ。小中学生の頃《ころ》から、空想することや物を作るのが好きだった。高校卒業後、吉本《よしもと》総合芸能学院東京校へ。人を笑わせることに興味があり、卒業後はピン芸人としても活動していたが、なかなか芽が出なかった。

そんなとき、事務所から「ユーチューブで好きなことをやってみたら」と言われ、「無駄《むだ》づくり」というチャンネルを開設する。自作の実験工作や発明などを紹介《しょうかい》する動画を投稿《とうこう》し始めると、それがブレークした。

2013年の開設以来、チャンネル登録者数は10万人を超《こ》え、SNSなどの動画総再生数は4千万回を突破《とっぱ》した。ツイッター（現・エックス）のフォロワー数は約30万人に増え、その人気は中国、アメリカ、ヨーロッパなど海外にも広がっている。台湾《たいわん》で無駄なものを集めた個展《こてん》を開くと、2万5千人以上が訪《おとず》れた。

2021年、経済誌《けいざいし》Forbes《フォーブス》 JAPAN《ジャパン》の「世界を変える30歳《さい》未満《みまん》の30人」に選ばれ、2022年には日本青年会議所主催《しゅさい》の「青年版国民栄誉賞」会頭特別賞を受賞した。

「自分が作りたいものを作っているだけ。何が評価されているか、全くわから

プロフィール

1993年 横浜市生まれ。父親はグラフィックデザイナー、姉が1人いる。

★コンテンツクリエイター、文筆家。頭の中に浮《う》かんだ不必要な物を作り上げる「無駄づくり」を主な活動とする。

2022年 株式会社無駄を設立。「思いは特になくて、無駄なものをつくるビジョンの会社が1個あってもおもしろいから」

★「総務省　異能《いのう》vation　破壊的《はかいてき》な挑戦《ちょうせん》部門　2019年度」採択、Forbes Japan「世界を変える30歳未満の30人」、日本青年会議所主催「青年版国民栄誉賞」会頭特別賞など。

★著書《ちょしょ》に『無駄なことを続けるために』（ワニブックス）『考える術』（ダイヤモンド社）『無駄なマシーンを発明しよう！』(技術評論社)など。

★K-POPに最近はまっているが、好きなグループは「内緒《ないしょ》」。

ない」と謙遜《けんそん》する。吉本興業《よしもとこうぎょう》をやめた後はフリーで活動し、２０２２年に株式会社「無駄《むだ》」を創業した。

好きな言葉は、米国の化学者、エイブラハム・フレクスナーの「有用性という言葉を捨《す》てて、人間の精神を解放しよう」。役に立つか立たないかでふるいにかけられて実現しなかったことは、たくさんある。

「無駄を無駄と思うのは、生かし方を知らないだけ。無駄なものから、新しい価値《かち》を生み出したい」。

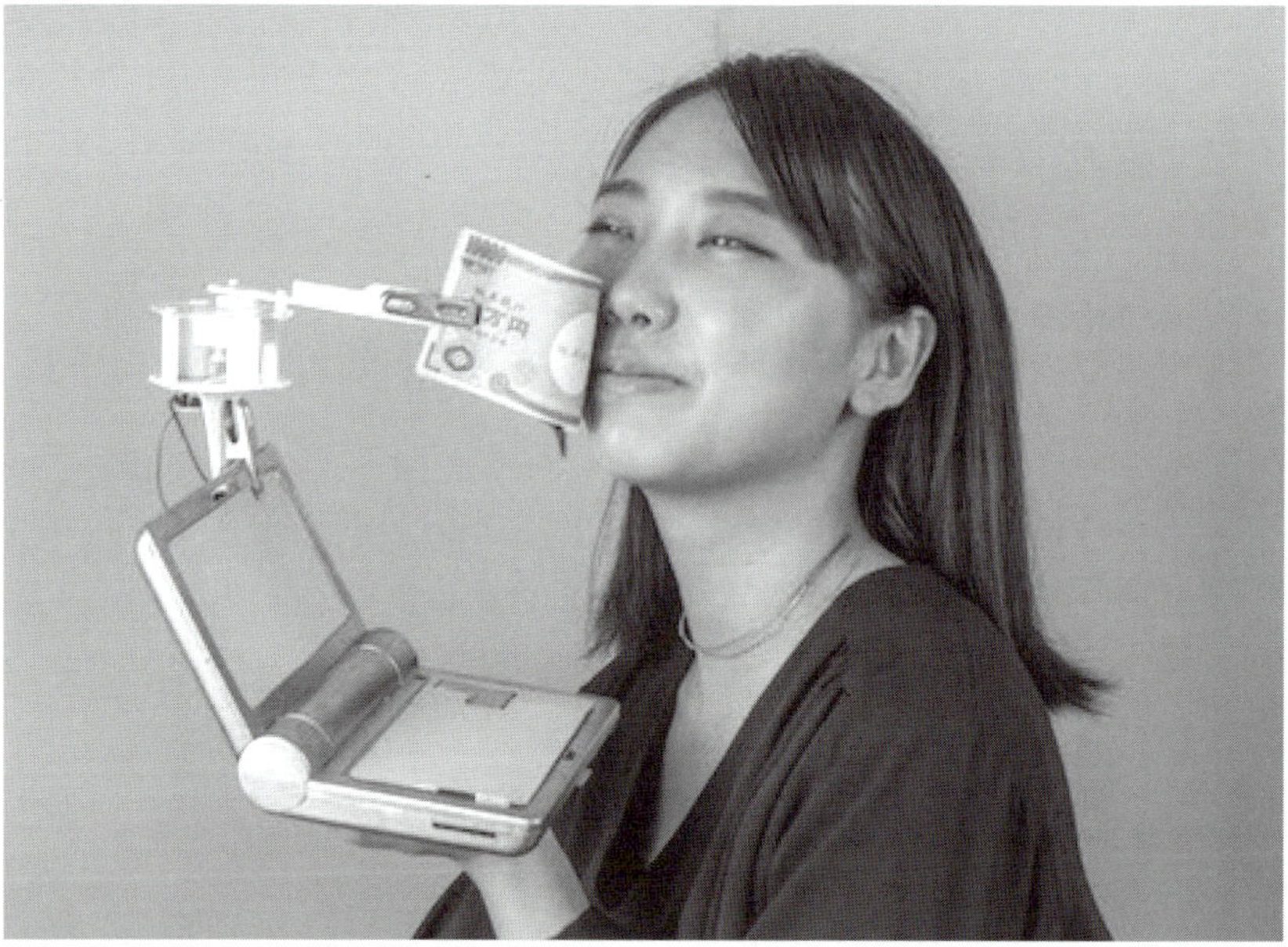

「札束で頬を叩かれるマシーン」と藤原麻里菜さん

藤《ふじ》原《わら》麻《ま》里《り》菜《な》さんに
聞いてみよう

Q なぜ、無駄作りを始めたのですか？

A

吉本の舞台《ぶたい》芸人《げいにん》をやめて、ユーチューバー芸人にならないかと、事務所に言われ始めたのがきっかけです。最初は、「ピタゴラスイッチ」を作るって宣言《せんげん》したのですが、うまくいきませんでした。その失敗を失敗として終わらせたくなくて、「無駄づくり」を始めたのです。

好きなバンドSAKEROCK《サケロック》がホームページ上で「無駄」という言葉を使っていたのにも影響《えいきょう》を受けました。無駄という言葉の響《ひび》きが好きだったんです。

Q

無《む》駄《だ》作りで、意識していることは？

A

想像力を働かせることです。

渋谷支展《しぶやしてん》でも、イヤホンケーブルを絡《から》ませるマシーンを大きくしたらおもしろいだろうな、と想像して、大きくしてみました。巨大なイヤホン絡《から》ませマシーン。すると、来場者の方々は楽しんで絡ませたり、ほどいたりしていました。うれしかったです。

私が想像するより、はるか上の結果が得られているのがおもしろい。マシーンの中の突起《とっき》の数がいくつがいいか、一生懸命《けんめい》考えました。想像して手を動かすことで、いろんな可能性が広がるんです。

Q そもそも物作りは好きだったのですか？

A 父がグラフィックデザイナーだったので、家にパソコンがあり、よくいじっていました。便箋《びんせん》を作って友達にプレゼントしたりしていました。あと、洋裁《ようさい》も好きで、シルバニアファミリーの服を作っていました。いろいろ空想することも好きでした。

電子工作の技術は独学で学びました。今では3Dプリンターなども使い、制作しています。

Q 「オンラインミーティング（飲み会）緊急脱出《きんきゅうだっしゅつ》マシーン」には笑いましたが、なぜ思いついたのですか？

A

オンライン飲み会をなかなか抜《ぬ》け出せなくなる悩《なや》みを聞いていたので、作ってみました。コロナ禍《か》のような世の中が同じ方向を向いているときは、こうしたものを作りやすいんです。Zoom《ズーム》とかマスクとか。

Q

アイデアは、どこから出てくるのですか?

A

毎日、アトリエに通うことですね。アイデアは、夜寝《ね》る前、散歩しているとき、一人になっているとき。「札束で頬《ほお》を叩《たた》かれるマシーン」や、歩くと足の下の空気入れから胸部《きょうぶ》の風船に空気が送られる「歩くたびにおっぱいが大きくなるマシーン」……自分の頭の中にあるものを、自分の手を動かして作る。単純《たんじゅん》な作業です。

「オンラインミーティング（飲み会）緊急脱出《きんきゅうだっしゅつ》マシーン」を使い「脱出」を実演。みんなが悩んでいることを、ユーモアを交え解決していく＝東京都渋谷区

Q

行き詰《づ》まったときはどうしますか？

A

言葉から考えます。たとえば「パンツ」と「車」を組み合わせて「パンツ車」とすると、パンツを乾《かわ》かす車など、いろいろ想像が膨《ふく》らみます。

あとは「インスタ映《ば》えしない～」とか修飾語《しゅうしょくご》をつけて考える。実際に、「インスタ映えしないスマホ」を開発しました。

Q

動画の総再生数が４千万回を超《こ》えました。これだけの人気はなぜだと思いますか？

A

自分でも人気の理由は全然わからないんです。いろいろなことを思って、作りたいものを作っているだけ。みなさんが、楽しいと感じていることがうれしいです。

Q 周りの反応は気にする方？

A 全く気にしません。ツイッターのコメントやいいねも見ないです。興味ないので。**私は私が好きなことをやっているだけです。続けようと思って、続けているわけではありません。**

Q 効率性を求める現代において、無駄を求める意味はなんだと考えますか？

A

無駄《むだ》を無駄じゃないと思うには、寛容《かんよう》の心をもって、本来の値打ちを生かすこと。道ばたに石が転がっていたら、さわってみて、家のインテリアやペーパーウェートにもなるかもしれないし、川に向けて投げられてすっきりできるかもしれない……。無駄だなあと思うことも、寄り添《そ》っていけば、人間のいいところにぶつかります。

あの松下幸之助《まつしたこうのすけ》さんも、

「この世に存在《そんざい》するものは、無駄なものなど一つもない」

と言っています。**無駄の魅力《みりょく》。無駄なものに価値《かち》を感じると、無駄なものがなくなる。それが新しい価値の創造につながる。**そう考えています。

ここが気になる!

松下幸之助さんってどんな人？

町工場を世界的企業にした、日本を代表する実業家の一人。明治27年に和歌山県で生まれ、9歳《さい》で単身大阪へ奉公《ほうこう》（住み込みで働くこと）に出て、22歳で独立。松下電気器具製作所（現パナソニック）を創立《そうりつ》した。昭和54年には「21世紀の社会を良くするための指導者」の育成を目的に「松下政経塾《じゅく》」を設立、名だたる政治家、実業家を輩出《はいしゅつ》していた。

最近、何となく無駄という言葉がおもしろい、ということから、なんで社会に対して無駄が必要なのか、言語化をするようになった。『考える術』（ダイヤモンド社）などの著作《ちょさく》も出しました。

Q 20年後、30年後、どんな自分になっていたいですか？

A 考えたことないですね。日々の無駄作りを重ねていくことだけです。**納得いく、いかないは関係ない。ただただ、自分が作りたいときに作っているだけ**。だから、気楽に続いている。これからもそうだと思います。

「無《む》駄《だ》」から生まれた作品をもっと知りたい!

藤原さんの作品はじつに多彩だ。

「目が合うメガネ制作キット」は「どの方向からも目が合う!」ことを狙《ねら》って作ったとのこと。人と目を合わせて話すことが苦手な人に使ってもらいたい発明品だ。

「パーツをカッターで切り抜《ぬ》き、接着剤《せっちゃくざい》で貼《は》り付けるだけ。誰《だれ》でも簡単《かんたん》に作ることができます」(藤原さん)。

その他にも、「366—無駄こよみ」、「無駄づくり軍手」、「無駄づくりマグネット」など、精力的に作品を生み出している。

藤原さんのホームページ(https://fujiwaram.com/)にさまざまな作品がアップされているので、気になる人はチェックしてみよう。

好きを追求する
7

大人の事情は子どもに向けて翻《ほん》訳《やく》できる

絵本作家・イラストレーター
ヨシタケシンスケ

「不安だらけ」が共感を呼《よ》ぶ

こんな日が来るなんて、40歳《さい》まで夢にも思わなかった。

２０１３年から20冊《さつ》以上の絵本を出し、その累計《るいけい》はざっと６００万部。10カ国以上で翻訳《ほんやく》出版もされている。東京・世田谷文学館での初の大規模個展《だいきぼこてん》も多くの人でにぎわっている。

「怖《こわ》くなります。このあとどんなひどいことが起きても、神様に文句いえないなって」。

作品はユーモラスでかわいく、でもちょっとシニカル。本音と思想が垣間見《かいま》え、ときにホロリとさせる。1冊目の『りんごかもしれない』では、このりんごは実は別のものかもしれないと考え、『りゆうがあります』では、癖《くせ》を注意される男の子の言い分を描《えが》いた。おしっこがもれる話や死についても描いた。結論《けつろん》を押《お》しつけず、そんなこともあるよ、そうかもね、と寄り添《そ》う。「哲学的《てつがくてき》」と評されることも。

■気が小さくて主張が苦手……

この人気作家の「強み」は何か。

それはたぶん、不安だらけ不満だら

東京・世田谷文学館の『ヨシタケシンスケ展かもしれない』の会場で。「分身みたいなもの」という『ころべばいいのに』に登場する「アイツ」と＝東京都世田谷区

けの「弱さ」だろう。

何をやってもかなわない姉がいた。彼女《かのじょ》があまりやらない工作を褒《ほ》められ、大工さんになりたいと考えるように。長じて、映画《えいが》の小道具などを作れたら、と筑波《つくば》大学芸術専門学群に入学し、大学院まで進んだ。

ＳＦ風の造形がかわいい立体「カブリモノシリーズ」を作ってアートのコンペで受賞もしたが、なかなかトホホなしろものだ。背後《はいご》で語られるうわさ話が聞ける装置《そうち》など、なのだから。

気が小さくて主張が苦手とあって造形作家は諦《あきら》め、ゲーム会社に半年。あとは広告美術を経て、イラストレーターに。**日々気づいたことや不満をメモ帳に小さく描《えが》くようになっていた。**

40歳《さい》になる少し前、ＰＨＰ研究所から絵本づくりの提案が届《とど》く。何でも自由に、といわれ困《こま》り果てる。「広告美術やイラストにはお題があった。そもそも指示にちゃんと応える大工さんになりたかったんですから」。

プロフィール

1973年 神奈川県《かながわけん》茅ケ崎《ちがさき》市生まれ。本名・吉竹伸介。姉1人、妹2人がいる。

★幼《おさな》いころから気が小さく心配性。写真は保育園の先生と。たくさんの絵本を読む。

保育園の先生の横で恥ずかしそうなヨシタケシンスケさん

★中学ではうっかりバレー部に入り、体育会系に向かないことを痛感《つうかん》。高校では美術部に。

1998年 筑波大大学院を修了。学生時代制作の「カブリモノシリーズ」（104ページ）が評判に。

★ゲーム会社に就職《しゅうしょく》するがなじめず、グチのようなセリフ付きイラストを描くように。半年で退職《たいしょく》し、共同アトリエに参加、広告美術などを手がける。

2003年 はじめてのイラスト集を刊行。イラストレーターとしても活動。30歳で結婚《けっこん》。

2013年 初の絵本を刊行。2019年には『つまんない つまんない』（白泉社）の英語版がニューヨーク・タイムズ最優秀絵本賞に。

続いて、ブロンズ新社からも話が。今度は「りんごのような一つのものを色んな目線で考えるものは？」というお題付き。「お題をもらえれば、答えは出せるんです」。こうして絵本デビュー。ＰＨＰ研究所からも改めてお題をもらった。

ある時期からは自分にお題を出すことを覚え、次々と絵本を生み出す。「**こういう言い方をされると僕《ぼく》は救われるんですっていう自分用の『松葉杖《まつばづえ》』を作ってきたようなもの**です」。それが多くの人の共感を呼《よ》ぶ。

こつこつやってきて報われましたね？「1カ月で3分ぐらい、そう思うときがあります。**僕なりに気苦労という労働をしてきた**んだって。でも直後に、評価されすぎていないか、ずるくないかって考えちゃいます」。

今も変わらぬ弱さの達人だ。

個展会場の「つまんないかおで……」のパネルの前で。181センチの長身を小さくするのがヨシタケ流＝東京都世田谷区

ヨシタケシンスケさんに **聞いてみよう**

Q

東京・世田谷文学館で「ヨシタケシンスケ展かもしれない」が開催《かいさい》されました。展覧会《てんらんかい》はやりたいと思っていたんですか。

A

絵本作家の展覧会といえば原画展だと思いますが、僕《ぼく》の原画は小さいし、色を付けるのが苦手なので、デザイナーさんに付けてもらっていて、色もありません。原画の方が絵本より情報量が少なくなってしまう。

だからお話をいただいたときにも、多分できないと思います、と。なので、

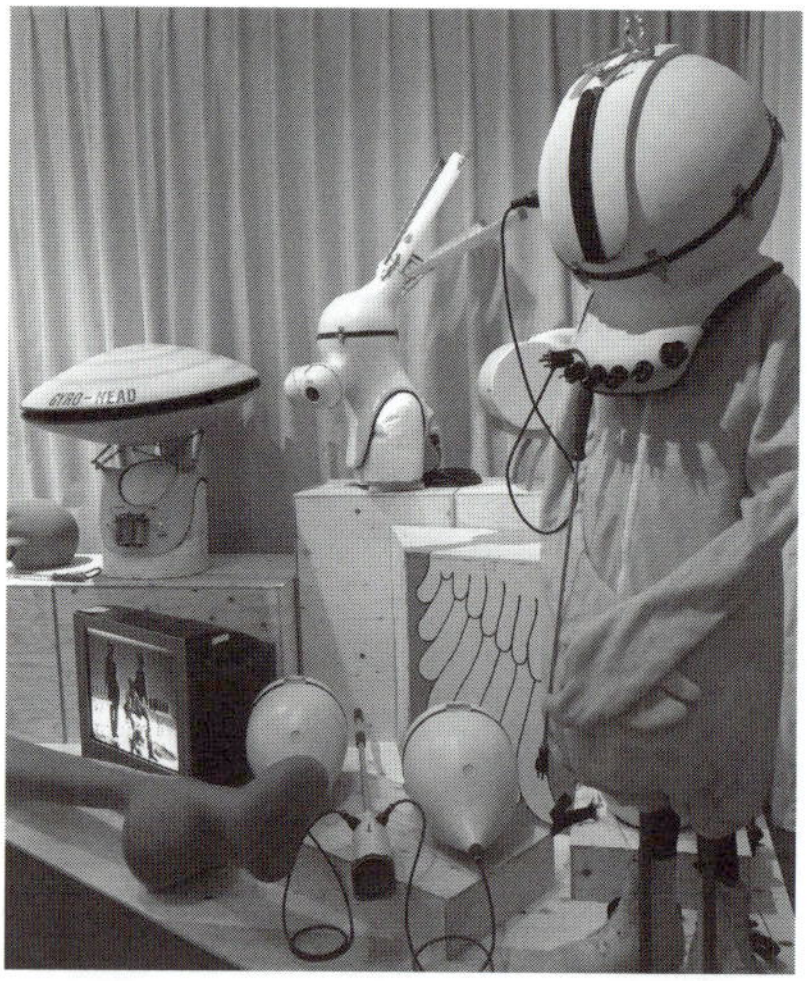

ヨシタケシンスケ「カブリモノシリーズ」の展示

どうしてそういう絵本になったのかというアプローチ、頭の中で起きたことを見せるような形になりました。

Q
内覧会でのあいさつで「もう思い残すことはない」と言った意図は？

A
それは毎日思っています。こんなに多くの方が本を読んでくださり、展覧会も開いていただいて、思い残すことはないんです。

小さな頃から志半《こころざしなか》ばで終わり、がっかりすることがすごく怖《こわ》かったんです。だから常に最悪のことを想定しておくと、実際はそれより良くなって、加点方式で生きていける。どうすれば自分が不安にならなくてすむかをずっと開発して生きてきた面があって。そういう変な考え方の癖《くせ》みたいなものが、仕事に生かせて運が良かったと思います。

絵本は、自分はついついこういう考え方をしちゃう、っていうのを形にしている部分があります。だから楽しくやれています。

Q

絵本作家になって、人生が変わったと実感した瞬間《しゅんかん》はありますか？

A

一番なるはずじゃなかった作家になりましたからね。最初の絵本ができたときはうれしかったけれど、それは一瞬《いっしゅん》のご褒美《ほうび》タイムで、すぐに日常に戻《もど》ると思っていました。その後、少しずつ変わったので、いつまでたっても覚悟《かくご》ができていないんです。両足突《つ》っ込《こ》む覚悟がなくて、いつも片足《かたあし》は逃《に》げられるように。

Q

ヨシタケさんの絵本は、子どもからも大人からも人気がありますがどう思われますか？

A

大人って偉《えら》いな、まじめだなって思います。自分も年齢的《ねんれいてき》には大人なんですが、ずっと子どもの目線で世の中を見ている。とはいえ、大人の事情も分かるから、それを子どもに向けて翻訳《ほんやく》することができると思っています。「いつか分かると思うけど、今はそう言われたらむかつくよね」って。

大人も子どももけっこう一緒《いっしょ》の部分があるよね、でも全部一緒じゃないよね、自分と他人も思っているほど違《ちが》っていないよねって。

Q

2人の息子さんが絵本づくりに貢献《こうけん》している面はありますか？

A

上の子が高校1年、下の子が小学校5年になりました。毎日見ているので、小さい頃《ころ》は『もう ぬげない』（ブロンズ新社）とか『おしっこちょっぴりもれたろう』（ＰＨＰ研究所）とかにつながりました。

最近は、けっこう大人向けの本が増えました。２０２１年に出した『あんなに あんなに』（ポプラ社）では、あんなに小さかったのにもう中学生だよって描《か》いて、さらに家庭を持って離《はな》れていくこともリアルに想像できて。はじめて未来のことを絵本にしました。自分が年老いてゆくことも含《ふく》め、その都度形にしてゆけたらなって。

Q

老いといえば、『このあと どうしちゃおう』（ブロンズ新社）は、おじいちゃんの死後がテーマになっています。なぜ死後をテーマにしたのですか？

A

東日本大震災《ひがしにほんだいしんさい》があって、いつ死ぬのか分からないということに改めて気づいたし、そのときにはもう両親を亡《な》くしていて、生前に死んでからの話もしておきたかったという後悔《こうかい》もありました。明るく読める死を考える本があれば僕《ぼく》が助かったのにな、って思って作りました。

Q

ウクライナ危機《きき》など、世界は不安定さを増していますね。こういった現状に思うことはありますか?

A

こういうご時世では、どんどん決めていく人、断言する人が注目されるのは分かるんですけど、ことが起きている最中に答えを出すのは

ここが気になる!

東日本大震災とは?

2011年3月11日、14時46分ごろに発生。宮城県牡鹿《おしか》半島沖付近を震源《しんげん》とし、マグニチュード9.0という、日本国内観測史上最大規模の地震《じしん》となった。宮《みや》城《ぎ》県《けん》北部の栗原市《くりはらし》では最大震度7、北海道から九州地方までで、震度6強から震度1の揺れが観測されたほか、太平洋沿岸部を巨大な大津波《おおつなみ》が襲い、福島第一原子力発電所では水素爆発《すいそばくはつ》に至る大事故となった。

難《むずか》しいはずで、まだよく分からないですと言ってくれる人がいたら僕《ぼく》は救われるだろうな、と思います。すぐに結論《けつろん》を出すべきことと、先送りした方がいいことを判断できる力が大事なはずで、急ぎすぎちゃだめだって。

ただ正論《せいろん》だけ言っても誰も聞かないし、人は正論を言うのは好きだけど、言われるのは嫌《きら》いなんですね。だから、相手の言葉に翻訳《ほんやく》する準備《じゅんび》ができてはじめて言えることなんでしょう。

Q

人気作家になって、生活は変わりましたか？たとえば、着るものとか。

A

変わっていないです。毎日同じ形のものを着ています。とにかく決めるのが苦手なので。季節によって袖《そで》の長さが違《ちが》うだけです。

Q

今後の目標は？

A

現状維持《げんじょういじ》です。こんな風に**目標を持たずに何とか生きてこられたということを、目標を持たないといけないと思っていた昔の自分に教えてあげたい。仕事を通して、生きる選択肢《せんたくし》を増やして、おもしろおかしくお見せしたい**、というのはありますね。

新聞掲載：2022年6月11日

ヨシタケシンスケさんの
本や絵本を読んでみよう！

『りんごかもしれない』
ブロンズ新社

2013年に上梓《じょうし》した初めてのオリジナル絵本。ひとつのりんごをめぐって、次から次へと不思議でユニークな世界が広がる、発想力を刺激《しげき》される絵本です。

『おしごとそうだんセンター』
集英社

ここはちょっと風変わりな職業相談所。地球に不時着した宇宙人《うちゅうじん》は相談所のスタッフと一緒《いっしょ》に、この星で生きていくこと、働くことの意味を模《も》索《さく》していくことに……ヨシタケシンスケ版“ハローワーク”ストーリー。

『ちょっぴりながもちするそうです』
白泉社

「こまめにストレッチすると ほとぼりがさめやすくなるそうです」「好きな本の間に一晩《ひとばん》はさんでおいたハンカチは 心配事をすいとってくれるそうです」……さまざまな「するそうです」にホッとさせられます。

好きを
追求する
8

自分は最善《さいぜん》を考え尽《つ》くすことだけ

プロバックギャモンプレーヤー
望《もち》月《づき》正《まさ》行《ゆき》

奥《おく》深き知へ、扉《とびら》開く世界王

二つのサイコロを振《ふ》り、対戦者同士がそれぞれのゴールへ、すごろくのように15個のコマを進める。数千年前から原型が存在《そんざい》し、20世紀の米国で完成したボードゲーム、バックギャモン。**チェス、トランプ、ドミノと並《なら》んで世界4大ゲームの一つとされ、世界の競技人口は推定《すいてい》3億人とも言われる。**Mochy《モッチー》は、その頂点《ちょうてん》に立つ人物だ。

世界のプレーヤーの格付け「バックギャモン・ジャイアンツ」の1位を守り続け、試合はもちろん、レッスンや試合解説の依頼《いらい》も絶えない。年間10カ国余を訪《おとず》れ、数百万円の賞金がかかった大会を制覇《せいは》していく。コロナ禍《か》ではオンラインも活用してきた。

2021年夏、モナコのモンテカルロに渡《わた》り、世界選手権で2009年以来、11年ぶり2度目の優勝を飾《かざ》った。

約20カ国から100人余が参加。試合はインターネットで中継《ちゅうけい》され、優勝を決めた瞬間《しゅんかん》、世界中から「モッチー、おめでとう」「今年はジャパンイヤーだ」などと快挙をたたえる声が寄せられた。半年前、ネット上で競う団体戦でも、日本はモッチー不在の5人組で8年ぶり2度目の

バックギャモンボードは、トランクのように畳《たた》んで持ち運べる。「ここ赤坂道場は昔から真剣《しんけん》なゲームが出来る場所。悔《くや》しさも教わった」＝東京都港区

優勝を飾《かざ》るなど、選手層《せんしゅそう》の厚さを見せつけたばかりだ。

モナコでは、ユーチューブで自身の動画も配信した。世界中のファンに向けて英語で話す。プレーヤーたちとの再会を喜び、大会主催者《しゅさいしゃ》からコロナ対策《たいさく》について話を聞き、現地の友人のフェラーリを運転して風光明媚《ふうこうめいび》なモナコを紹《しょう》介《かい》。タイトな試合日程の合間に、時間も体力も使って、なぜそこまで。

「**二つのサイコロの目によっては、初心者でも、強い人に勝てる。間口《まぐち》の広いマインドスポーツ。だけど、奥深《おくふか》くまで突《つ》き詰《つ》めることもできる。日本でも海外でも、この面白い世界の扉《とびら》をもっと多くの人に知ってもらいたい**」。

■真理への長い旅

「世界一」からひと月後。東京・赤坂の道場で、仲間たちと和やかに試合を楽しんだ。一般財団法人「日本バックギャモン協会」の代表理事として、国内でも普《ふ》及《きゅう》活《かつ》動《どう》の先頭に立つ。

「最初はただ楽しんでいた。でもあるとき、悲《ひ》惨《さん》な負け方をして悔《くや》しさが芽生え、僕《ぼく》の中で勝つことへのこだわりが大きくなっていった」と振《ふ》り返る。

プロフィール

1979年 東京都生まれ。小学生の時に父親から将棋《しょうぎ》を教わり、麻布《あざぶ》中・高では将棋《しょうぎ》部。

小学生時代の望月正行《もちづきまさゆき》さん

1997年 浪人《ろうにん》時代にバックギャモンを知る。早稲田《わせだ》大学第一文学部に進むがバックギャモンに集中したくて中退《ちゅうたい》。

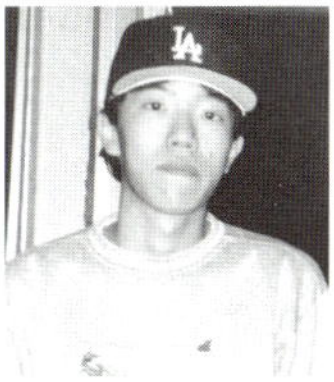
高校時代の望月正行さん

2003年 勝てなかったら定職に就《つ》こうと思い、「当時の彼女＝現在の妻」ら知人に借金して挑《いど》んだUSオープンで優勝。2009、2021年に世界選手権優勝。

24歳《さい》、初めて海外のメジャータイトルで優勝したときの望月正行さん

★日本人で2度の優勝は矢澤亜希《やざわあき》子《こ》さん（2014、2018年）以来2人目。自身が1位を守り続ける格付けでは矢澤さん、景山充人《かげやまみちひと》さんら他の日本のプロの名も定着。

★家族は精神科医の妻、息子2人、娘《むすめ》1人。家の離《はな》れに若手プレーヤーが居住し、ともに練習。子どもの送《そう》迎《げい》などを手伝ってもらうこともある。母も赤坂バックギャモン道場の常連。

麻布《あざぶ》中学《ちゅうがく》・高校時代は将棋部《しょうぎぶ》だったが、「自分自身の限界」を感じていた。浪人《ろうにん》時代にバックギャモンと出会い、やがて「日本から世界を取りに行こう」と真顔で語り、普及《ふきゅう》活動に汗《あせ》を流す矯正《きょうせい》歯科医の下平憲治さんと知り合った。下平さんは言う。「『極東』だった**日本は今や尊敬《そんけい》の対象ですが、その理由は実力だけではない。**望月をはじめとする**世界で活躍《かつやく》するプロたちの人柄《ひとがら》、人間性への敬意《けいい》なのです**」。

対戦中、何度も鋭《するど》い視線《しせん》を相手に向ける。「出目を神様に祈《いの》るようなことはしない。それでも大切な試合の前には近くの神社で、神様に頑張《がんば》ったこと、怠《なま》けたことを正直に報告し、自分自身と向き合う」＝東京都港区

望月《もちづき》正行《まさゆき》さんに聞いてみよう

Q プロのプレーヤーになった経緯《けいい》は？

A 1997年ごろ、国内の例会に初めて挑《いど》んで、1勝5敗で惨敗《ざんぱい》しました。勝ちたくて、アルバイト中もバックギャモンのことを考えるようになりました。入学した早稲田《わせだ》大学にはバックギャモンのサークルがなく、東京大学にはあったので、そこで切磋琢磨《せっさたくま》し、プロポーカープレーヤーの木《き》原直哉《はらなおや》さん、将棋の片上大輔《かたがみだいすけ》さんとも知り合いました。

バックギャモンのプロという職業自体、前例がありませんでした。レッスンも資格もテストもない。お給料をくれる組織もない。キャリアとして選んだというより、バックギャモンをする時間を最大限に増やしたい一心で、賞金のあるゲームを探し、稼《かせ》いでは渡航《とこう》、稼いでは渡航、という綱渡《つなわた》り状態に踏《ふ》み込《こ》んでいきました。

Q 英語力はどこで？

A

最初は全然、話せませんでした。2001年夏、アメリカに武者修行に行ったんです。

バックギャモンには「シュエット」という、複数人が戦略を相談しながら戦う種目があります。**自分の意見を筋道《すじみち》立てて主張しないと、その場にいる意味がない。しゃべるほど学べる。黙《だま》っていると学ぶ機会を逃《のが》す。**いつの間にか話せていました。

Q この道でやっていける、と確信したのは？

A ラスベガスで世界レベルの大会があり、そこで優勝した2003年あたりからでしょうか。2009年にはモナコで初優勝し、同じ年に「バックギャモン・ジャイアンツ」でも1位を取りました。

2009年のモナコでは、勝ちたくて仕方なかったし、「このゲームの真理、本質を突《つ》き詰《つ》めるんだ」という気負いもありました。**今はどうすれば最大限の能力が本番で発揮《はっき》できるか、生活感覚として分かっている**から、それを淡々《たんたん》と実行するだけ。そういう意味で、2009年の自分はアマチュアで、今はプロフェッショナルと言えるのかも知れません。

今は若手プレーヤーたちが着実に力を付けていることも感じます。王冠はいつか奪《うば》われるもの、と分かってはいても、やはり簡単《かんたん》には渡《わた》したくないですね。

Q

「ゲームの真理、本質を突《つ》き詰《つ》める」とは？

A

20歳《さい》の頃《ころ》、当時の師匠《ししょう》に「大学をやめてバックギャモンで世界一を目指したい」と相談に行くと、師匠から「**世界一を目指すような小さなことならやめなさい。バックギャモンというゲームの本質を知りたいんじゃないのか？**」と言われました。そこで、ハッと気付いたんです。僕《ぼく》が目指すのは、もっと長い長い旅なんだと。

今もその長い旅の途中《とちゅう》ですが、色々なことが分かってきました。たとえば、バックギャモンでは、運と論理が関係し合っていますが、**自分にできることは、与《あた》えられた状況《じょうきょう》、つまり出目の中で、最善《さいぜん》を考え尽《つ》くすことだけ**です。**一つ二つのトーナメントの結果ではなく、10年、20年と戦った結果で勝負している。運は結局は「収束」し、「運のいい人も悪い人もいない」**と気づくのです。

Q AI《エーアイ》(人工知能)やインターネットの活用は?

A

バックギャモンはAIを先《せん》駆《く》的《てき》に採り入れていました。AIを使えば、生まれた国や家庭環境に左右されず、力をつけることができます。コロナ禍《か》でモナコのような対面の大会は中止になっても、インターネットでの対戦は活発でした。バックギャモン・ギャラクシーという世界的なサイトの利用者はコロナ禍で3倍になったそうです。

女性チェスプレーヤーの苦《く》悩《のう》を描《えが》いたドラマ「クイーンズ・ギャンビット」が世界中でヒットするなど、ボードゲーム熱が高まっています。

ここが気になる!

バックギャモンのルールを知りたい

2人で行う対戦型ボードゲームで、「すごろく」のルーツと言われている。相手より先に駒《こま》をゴールさせたら勝ちだが、最大の違《ちが》いは2つのサイコロを使い、複数の持ち駒を動かすことにある(15個ずつの駒を24個の三角形のマスに沿《そ》って動かします)。そのためサイコロの目が大きければ勝てるわけではなく、複雑な戦略、心理戦が求められるのだ。

Q バックギャモンをギャンブルとして楽しみたい人もいるのでしょうか?

A 賭《か》けた方が楽しいという人もいるでしょうが、この春に一般財団法人化した日本バックギャモン協会が掲げる理想は、あくまでもマインドスポーツとしてのバックギャモンです。賞金のあり方も囲碁将棋《いごしょうぎ》やスポーツと同じです。論理的思考力、集中力、コミュニケーションの能力などを磨《みが》いていけるので、家庭や学校などの教材としても大きな可能性を秘《ひ》めています。

Q AI《エーアイ》が人間を超《こ》えることはあるのでしょうか?

A AIに凌駕《りょうが》された世界が来るとして、人間に残されたものに「楽しむ」

ということがあります。「最善手《さいぜんしゅ》はこうだけど、面白いからここはこうやる」というプレーがAIはできない。**AIは結論《けつろん》を示すだけ。「腑《ふ》に落ちない」ということが分からない。人間にとって大事なのは、結論に至《いた》るまでの理由**の方なんです。

ジャズを聴《き》きに行くとして、ライブハウスの空気はその日によって違《ちが》います。プレーヤー、お客さんのノリも。だからこそ、どんな演奏《えんそう》が生まれるか、予想もつかない楽しさがあるのです。**成長や発展《はってん》が止まったとしても、人間の手のひらには、哲学《てつがく》が残されている。僕《ぼく》は結構、楽観しています。**

AI《エーアイ》と人間、将来的《しょうらいてき》に勝つのはどっち？

AI（Artificial Intelligence《アーティフィシャルインテリジェンス》）とは、人間の持っている知能を人工的に実現する技術のことを意味する。自動学習によりデータを分析《ぶんせき》し、パターンやルールを予測・判断できることから、バックギャモンやオセロ、将棋《しょうぎ》といった「ゲーム」の世界でも、AIの技術を使ったさまざまな実験や研究が行われてきた。

中でも注目は、プロ棋士《きし》など人間のトップレベルとの頭脳戦《ずのうせん》だ。かつては人間のプロが勝利することがほとんどだったが、近年、AIの強さはプロと互角《ごかく》のレベルまで到達《とうたつ》し、さらなる注目を集めている。

好きを追求する
9

「世界一」の景色が後進を育ててくれる

ホンダ・レーシングチーフエンジニア
福島《ふくしま》忠広《ただひろ》

新型バッテリーで「世界一」奪《だっ》還《かん》

スマートフォンで動画やゲームを楽しんでいたり、出先でパソコンを使ったりしていると、じわじわと熱くなっていくバッテリー。これがものすごく、気になる。「仕事柄《しごとがら》、『いったいどこから発熱しているのだろう』と。熱を発しているということは、その分エネルギーが逃《に》げているってことなので」。

いまや世界規模《きぼ》で叫《さけ》ばれる「カーボンニュートラル（脱炭素《だつたんそ》）」。自動車産業も、その荒波《あらなみ》のど真ん中にいる。カギを握《にぎ》るパーツが、バッテリーだ。

■F1をやれ

自動車レースの最高峰《さいこうほう》、フォーミュラ1（F1）の動力源《どうりょくげん》も、今やガソリンと電気のハイブリッド。エンジンではなく、パワーユニット（PU）と呼《よ》ばれる。量産ハイブリッド車の開発を担当していた2015年、F1用バッテリー開発を命じられた。それは、かつて憧《あこが》れた世界への入り口でもあった。

「『勝つまで帰ってくるな』と言われ、大変なことになったなと……」。

当時のホンダはF1で負け続き。1980年代に最強とうたわれたイメージも地に落ちた。メルセデス

「世界一」となったF1の動力源と。左側の横長の箱がバッテリーだ＝栃木県さくら市

やフェラーリといった強豪《きょうごう》に、どうすれば勝てるのか。試行錯誤《しこうさくご》を続けた。

量産車のバッテリーが目指すのは、長く走れる高容量。だがレースでは、ライバルを蹴散《けち》らすパワー、つまり高出力が必要だ。それを生み出すため、市販《しはん》車なら年単位で考えることを、月から週単位で即決《そっけつ》していかなければならない。その決断の結果は、2週間おきのレースで白日の下にさらされる。胃《い》に穴《あな》が開くような毎日。なんと厳《きび》しい世界か。

問題は、蓄《たくわ》えた電力を使う際、バッテリーの中の抵抗《ていこう》が熱を発し、エネルギーの一部が逃《に》げてしまうこと。何とかして抵抗を減らし、熱を抑《おさ》え込《こ》め。ゴールはわかっていても、すぐにはたどりつけない。

同僚《どうりょう》と会議を開き、お茶を飲み、睡眠《すいみん》時間を削《けず》って考える。たどり着いたのが、カーボン（炭素）製の極小のチューブをバッテリー内に張り巡らせることだった。これで抵抗がグッと減る。完成した新型バッテリーは、一般家庭40軒《けん》分のIHクッキングヒーターを同時に最大火力にできる出力を達成。1千馬力とも言われるPU全体の出力の6分の1ほどをまかなえる。

プロフィール

1981年 大阪生まれ。茨城県日立市で育つ。学校では、「物理と数学以外は一切できなかった」。東北大学へ進み、電気について学ぶ。一方で、「バックパッカー」としてアメリカやシンガポールなどをウロウロ。「F1をテレビで観戦し始めたのもこのころ」という。

2007年 東北大学大学院を経て、2007年にホンダへ入社。電気システムの開発とともに、量産車への実装《じっそう》にもあたる。

2015年 9月、異動《いどう》でF1の担当となり、拠点《きょてん》のあるイギリスで4年間を過ごす。帰国後に手がけた新バッテリーは2021年、ホンダとして30年ぶりの王座奪還《おうざだっかん》に貢献《こうけん》した。

★現在はホンダの子会社「ホンダ・レーシング（HRC）」で2026年F1に向けた、高圧電動システムの開発を責任者として手がける。

★妻と小学校3年生の長男との3人暮《く》らし。写真は長男の幼稚園卒園式。趣味《しゅみ》は家族でのキャンプや登山。「田舎暮らしを満喫《まんきつ》しています」

長男の幼稚園卒園式

この新型バッテリーを積んだPUでホンダは2021年、「世界一」を30年ぶりに奪還《だっかん》した。その瞬間《しゅんかん》を自宅のテレビで見届《みとど》け、泣いた。「やり切った」という思いからだ。

「『世界一』の景色は、後進を育てる」。先人の言葉の意味が、今は少しわかるような気がする。手がけたバッテリーは昨年も世界を制し、今年も最速の座《ざ》を目指して戦い続ける。

「レースはすぐに結果が出るところが面白くもあり、苦しくもある」と語る福島忠広さん＝栃木県さくら市

福島《ふくしま》忠広《ただひろ》さんに聞いてみよう

Q

自動車をめぐる状況《じょうきょう》は、近年激変《げきへん》しました。その代表格がカーボンニュートラル（脱炭素《だったんそ》）の推進《すいしん》です。この変化をどう考えていましたか？

A

大学・大学院の6年間では、電気工学の中の「電磁気学《でんじきがく》」を学んでいました。携帯《けいたい》電話の中で悪さをするノイズの除去《じょきょ》という、自動車とは関係のない分野です。

ただ、大学入学前の20世紀末にはすでにハイブリッド車は世に出ていました。ホンダの第1号は1999年発売の「インサイト」です。環境《かんきょう》への配慮《はいりょ》から、私が入社するときには、間違《まちが》いなくこれからの主流になると考えていました。

Q 一方で自動車レースは「ガソリンの無駄遣《むだづか》い」と揶揄《やゆ》されてきましたが、レースへの思いは？

A

そもそもホンダ入社のきっかけは、大学生の時に見始めたF1です。ただ、「絶対F1をやるぞ」と思っていたわけではなく、仕事をする中で段《だん》階《かい》を踏んで、いつか担当《たんとう》できたら、と漠然《ばくぜん》と考えていました。

入社してすぐ、ハイブリッド車用バッテリーを含《ふく》めた電気システムの研究・開発に関わりました。量産車のバッテリーは、長く走行できる「高容量」のものを作らねばなりません。

しかし**F1のバッテリーは、「高出力」に主眼をおきます。規則で定められた量のエネルギーで充電《じゅうでん》したり放電したりする、すごく大きな電流です。一般的にやりとりする電流が大きいと、高い熱も発生し、エネルギーが逃《に》げてしまいます。この無駄なエネルギーをいかに減らすか。「効率」を高めることが求められます。**

Ｆ１でも電気エネルギーを使う取り組みは始まっていました。ブレーキの代わりにモーターで減速させ、その際に発生するエネルギーをためて再利用する仕組みです。興味を持って見ていたのですが、ホンダは２００８年のリーマン・ショック後、撤《てっ》退《たい》しました。そのとき「レースの世界にはもう行けないんだな」と。

一方で、量産車の世界でも燃費がより重要《じゅうよう》視《し》されるようになります。２０１３年には、充電可能なプラグインハイブリッド車（ＰＨＥＶ）で燃費ナンバー１を達成しました。『世界一』だ！」と。そこにやりがいを感じていました。

Q

2015年に始まったホンダの4度目のF1参戦は、当初結果が出ず、厳《きび》しい展開《てんかい》でした。なぜ、乗り越《こ》えられたのですか?

A

上司が2015年夏に、「突然《とつぜん》だけど、F1をやれ。立て直してこい」と……。英語は苦手だったのに、拠点《きょてん》のあるイギリスに渡《わた》り、設備作りから人集めまで何でもやりました。そのころは「いつ寝《ね》てるんだ」って言われていたほどです。

レースってレギュレーション(規則)が大事なんです。それを理解し、どのように勝つ方法を見つけるか。規則を読み込《こ》み、レースの現場でもライバルのデータを得ようと、あの手この手で情報収集《しゅうしゅう》しました。

F1用のバッテリーは、大きさや重さなど、規則の枠内《わくない》で高出力を実現しなければなりません。短時間でもいいから、一気にためた電気エネルギーを放出することが求められます。

そのためには、バッテリー内で電気が流れるのを邪魔《じゃま》する「抵抗《ていこう》」をいかに抑《おさ》えるかが重要です。そのための素材選びがポイントになりました。トライアンドエラーの連続です。

いろんな会社を回って「これが作れますか」と素材を集め、開発した新型バッテリーを投入したのが2021年の中盤《ちゅうばん》。最終戦の最終周までもつれ込みながらも、王座を奪還《だっかん》しました。

■達成感の一方で

いろんな方の力を借り、上司に「勝ちました」と報告することができました。**達成感の一方で、エンジニアとしては、「あれもやりたかった。これもやりたかった」とも思いましたが、当時できることを最大限詰《つ》め込《こ》んで勝つことができました。技術に終わりはありません。**次のレギュレーションでも世界一を目指していきます。

Q F1向けに開発した「高出力」のバッテリーは、今後どのように活用されるのでしょうか。

A

車という観点で言うと、F1以上に高出力が必要なものはそうそうありませんが、それに特化したプロジェクトが進んでいます。

例えば、VTOL《ブイトール》（垂直離着陸機《すいちょくりちゃくりくき》）みたいなものができればと。VTOLにはそれ自体の重さも含め、一気に上昇《じょうしょう》させる大きな力が必要です。ホンダでは、最大乗員数は4人以上の電動《でんどう》垂直離着陸機「eVTOL《イーブイトール》」を開発中です。高出力バッテリーは、今後様々な需要《じゅよう》があるだろうという風に考えています。

ここが気になる！

日本のモータースポーツを支えてきたホンダ

ホンダが国際モーターサイクルレースに参戦したのは1954年のこと。その後、1965年にF１で初優勝、ついに1987年には念願であった日本の鈴鹿《すずか》サーキットでのF１大会の開催を実現した。ホンダとF１の歴史は、じつはとても長いのだ。ちなみに前身は自動車修理工場で、モーターサイクルへの参戦をきっかけに日本が誇《ほこ》る自動車メーカーになった。

Q 自動車会社のエンジニアとして考える「夢のバッテリー」とは？

A 個人的に、バッテリーにこだわっているわけではありません。極論としては、バッテリーがなくてもいいんじゃないかとも思っています。道路とかに電力が供給され、無線で車がその電力を得るというような。それって、電車とかのパンタグラフの延長じゃないかと言われたら、その通りかもしれないけど。**お客様のニーズにフィットすることが一番です**。でもそんな夢を実現するには、まだまだ道は遠いですね。

新聞掲載：2023年2月11日

Column もっとくわしく知りたい！

リアルな現場の最前線

カーボンニュートラルの実現がなぜ重要なの？

カーボンニュートラルとは、地球温暖化《おんだんか》の一因である温室効果ガスの排出量《はいしゅつりょう》から、吸収《きゅうしゅう》量・除去《じょきょ》量を差し引くことで、総量をゼロにするというもの。温室効果ガスは大気中に拡散《かくさん》された二酸化炭素、メタン、一酸化二窒素《ちっそ》、フロンガスといった炭素系なので、脱炭素《だつたんそ》と言われている。
全世界で協力して取り組むべき課題のひとつだが、工業生産などの経済活動に深く関わっていることがネックになっている。なぜなら、温室効果ガスを減らすために経済活動を縮小すれば、国力の低下につながってしまうからだ。各国がそれを心配していることが、なかなかうまく進まない理由となっている。

好きを
追求する
10

良い本は「考え続けさせる力」をもっている

一人出版社「夏葉社《なつはしゃ》」代表
島田潤一郎《しまだじゅんいちろう》

「小さな声」届《とど》ける情熱と挑戦《ちょうせん》

取材の待ち合わせ時刻《じこく》の少し前、安倍晋三《あべしんぞう》元首相銃撃《じゅうげき》の報が飛び込《こ》んできた。容疑者《ようぎしゃ》の横顔が徐々《じょじょ》に伝えられると、こうつぶやいた。「ひょっとして、僕《ぼく》も彼だったかもしれない」。

作家を夢見てコンビニなどで働き、就職《しゅうしょく》もしたが定まらず、気がつけば31歳《さい》になっていた。50社から不採用通知が届《とど》く。人目を避《さ》け、夜になると書店をぶらぶらした。自殺も考えた。

その少し前、いとこが急死する。叔父叔母《おじおば》に寄り添《そ》い、励《はげ》ます本を作ろうと思い立った。東京・吉祥寺《きちじょうじ》で出版社を立ち上げた。2009年のことだ。

■新たな息吹を

小出版社が注目されていた頃《ころ》とはいえ、編集経験ゼロ。随分《ずいぶん》大胆《だいたん》にみえるが、承認《しょうにん》欲求《よっきゅう》で行き詰《づ》まった自分との決別、開き直りもあったと語る。

1冊《さつ》目は米作家マラマッドの小説『レンブラントの帽子《ぼうし》』を復刊した。グラフィックデザイナーの故・和田《わだ》誠《まこと》さんに装丁《そうてい》を、現代詩作家の荒川《あらかわ》洋治《ようじ》さんに、巻末《かんまつ》エッセーを頼《たの》む。

地元書店の自社コーナーの前で。シンプルで美しい装丁の本が目を引く。「ひたむきなんだよね」と、つきあいの長いスタッフが言う＝東京都武蔵野《むさしの》市のBOOKSルーエ

もちろん初めて。心を込《こ》めて手紙を書いた。驚《おどろ》いたことに、すぐ快諾《かいだく》を得た。荒川《あらかわ》さんは「光の届《とど》きにくい、少数読者しかいない作品に理解が深い。いい本を出したいという情熱と実行力にも目を見張った」と振《ふ》り返る。

英国の神学者ホランドの詩にイラストを添《そ》えた『さよならのあとで』は、いとこ追悼《ついとう》のためにあたためてきた。2年以上かけて東日本大震災《ひがしにほんだいしんさい》後に完成した。書店の人たちが「これはきちんと売ります」と約束してくれた。反響《はんきょう》は大きく、現在まで版を重ねている。

「僕《ぼく》にあるのは、やると決めたら誰《だれ》が何と言おうとやる勇気だけ。信頼《しんらい》し応援《おうえん》してくれた人たちの期待は絶対に裏切《うらぎ》れない、と続けてきました」。

何度も、読み返される本を――そううたう夏葉社《なつはしゃ》の本を説明しようとすると、案外に難しい。伝説の古書店主の随筆《ずいひつ》。庄野潤三《しょうのじゅんぞう》や上林暁《かんばやしあかつき》ら往年の作家のアンソロジー。本屋図鑑《ずかん》に図書館論。雑貨考。作詞家・松本隆《まつもとたかし》さんの語り。最新作は万城目学《まきめまなぶ》さんのエッセー『万感《ばんかん》のおもい』である。渋《しぶ》くてニッチで洒脱《しゃだつ》さもあって、しかし暮《く》らしから離《はな》れない。どれもたたずまいに、この人の本へ

プロフィール

1976年 高知生まれの東京育ち。一人っ子。幼《おさな》い頃《ころ》から近所の本屋さんに通い、漫画《まんが》や歴史の本を読む。中学でビートルズに出会う。

1995年 日本大学商学部入学。文芸部で大江健三郎《おおえけんざぶろう》、ドストエフスキー、フィッツジェラルドらを読む。「男ばかり8人。ぱっとしない青春でした」。写真は先輩《せんぱい》部員の詩が壁《かべ》に書かれた部室で。

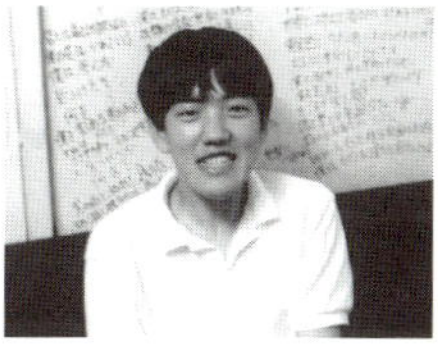
大学時代の島田さん

★学内の小説コンクールで入賞、卒業後は作家を志す。沖縄で働き、アイルランド留学やアフリカ旅行も。27歳《さい》で就職《しゅうしょく》、教科書会社などで営業を担当し計4年で退職《たいしょく》。

2009年 9月、33歳で夏葉社を設立。

★刊行書籍《しょせき》はサブレーベル「岬《みさき》書店」を含《ふく》めて45点。

★自著《じちょ》は『古くてあたらしい仕事』(新潮社)『父と子の絆《きずな》』(アルテスパブリッシング)など。

の愛着がにじむ。

基本は年2、3冊《さつ》刊《かん》行《こう》、初版2500部と決めているのも、この会社らしさだ。具体的な書店主の顔、読者の顔が思い浮かぶ規《き》模《ぼ》がいいから、と。

設立13年（取材当時）、熱心なファンが広がり、ほぼ黒字を続ける。小商いが見直される時代の先頭を走るが、甘《あま》酸《ず》っぱい日々を記した自《じ》著《ちょ》『あしたから出版社』（筑摩書房）が文庫化され、初心回帰を心している。

昔暮らしたアパートを訪ね、感傷にふける。読書もそれに似ていると、島《しま》田《だ》潤《じゅん》一郎《いちろう》さん。似た者同士だというフォーク歌手、世田谷ピンポンズさんとの対談で＝東京都渋谷区のSPBS本店

葛藤《かっとう》を恐れるな。抗《あらが》え。小さな声を届ける挑戦《ちょうせん》は終わらない。

島田潤一郎さんに聞いてみよう

Q **13周年を迎えます。強みは何だと考えますか？**

A 営業かと思います。初めはバッグにチラシを詰めて書店を1日10軒《けん》回り、注文が全くもらえず地べたに座《すわ》り込んだ日もありました。特に地方は厳《きび》しかった。

一方で、あたたかく迎えてくれる方も少なくありませんでした。随分《ずいぶん》勉強させてもらいました。たとえば、京都・古書善行堂《こしょぜんこうどう》の山本善行《やまもとよしゆき》さん。古書店主の関口良雄《せきぐちよしお》さんが残した随筆《ずいひつ》『昔日《せきじつ》の客』を紹介《しょうかい》してくれた方です。彼らとの対話から次の企画《きかく》が生まれ、今の僕があります。コアにおつきあいがある書店は全国100店ほどになります。

Q なぜ『本屋図鑑《ずかん》』という本を作ったのですか？

A

全国の書店を訪ねました。それぞれ特色があり、また、経営が厳《きび》しい中、踏《ふ》ん張《ば》っています。街のセーフティーネットの役割も大きいのです。

うちはオンライン書店にも扱ってもらっていますが、大資本を利用しながら生き延《の》びることが、果たして正しいのか。ずっと考え続けている問題

会社を立ち上げた翌年の島田さん。『昔日の客』の著者、故・関口良雄さんの妻・洋子さんと

です。あと、うちの強みということでいえば、僕《ぼく》は基本的に、作りたいものがないのです。

Q なぜ作りたいものがないのでしょう？

A **基本は「誰かに喜んでもらえること」がモチベーションになっています。誰もやらないなら、うちでやろうか。そういうスタンスです。**

もちろん会社設立《せつりつ》のいきさつもありますし、すべての著者には常に敬意《けいい》と感謝《かんしゃ》があります。

でも、いつも自信がないというか……。編集者《へんしゅうしゃ》としてもっとやれたはずだ、と。世の中には読むべき本がたくさんあるのに、まだ付け加えるのかという思いもよぎるんです。

Q

柱の一つになった復刊について教えてください。

A

昔の作家のことを僕《ぼく》が好きだったのは大きいですね。文体の力がすごい。本のたたずまいも美しい。昔の編集者は本を尊敬《そんけい》していたのが伝わってきます。**古いものも光の当て方で新しくなりますよね。新たな息吹《いぶき》を吹き込《こ》めるのです。**

Q

有名作家の本も出す。意外と戦略的では？　という声も聞きます。

A

確かに、抜《ぬ》け目のないところはあるかもしれません。**「少数の声を代弁《だいべん》する」という覚悟《かくご》でやっていますが、その中でも時代に合うものを選《えら》んで**

います。その一線を見誤《みあやま》ると、僕を信頼してくれた人たちに迷惑《めいわく》をかけてしまいますからね。

Q ご自身のエッセーでは読書への愛を語っていますが、読書の良さとは？

A 昔も今も本を読むのは得意ではありません。マラソンのように、自分にムチ打って読んでいます。なぜ読むかといえば、頭のよくない僕みたいな人間は、忍耐《にんたい》強く考えないといけないから。**良い本は、「考え続けさせる力」をもっている**んですね。

Q 本にこだわる理由は?

A

自分を信用しちゃいけないという思いかな。世の中、決めつけてしまいたいことだらけじゃないですか。特にメディアでもてはやされる頭のいい人は、大喜利《おおぎり》みたいな物言いをしますよね。

でも、人は**みんな間違いうるということ。知識を得《え》て考え、話し合い、断定《だんてい》を保留《ほりゅう》しないといけない。意見の違う相手も、悩《なや》んでいると想像したい。読書はその力を磨《みが》く**のです。

Q 単に知識を増やすのが目的ではないのですか?

Q

これから目指すゴールとは？

A

その通りです。たとえば高知で漁師をしている僕の叔父《おじ》たちは、ほとんど本を読まないですが、彼らの生活が貧《まず》しいわけではありません。僕には必要な本という存在が、彼らには必要ないのです。その違いを考え続けています。

それから僕には小学生の子どもが2人いて、どちらもコミュニケーションという点では不器用なんですが、読書好きなんですね。いろいろとうまくいかないこともあるはずだけど、帰宅すると本に没頭《ぼっとう》している。物語を通して、一日の出来事や友達の言葉を理解しようとしているのかもしれない。それを見ると、本っていいなと。

A

下の世代の感覚が分からなくなってきたので、若い力を借りることも検討中です。ただ拡大するつもりはありません。むしろ年2、3冊刊行を1冊にしたい。

不特定多数に宣伝《せんでん》する方法にも興味がないですし、「本当に必要としている人」に本を届けることの大切さを確認します。必要としている人は、必ず出会いますよ。出版人も、我慢《がまん》強く「待つ」ことが試されているのではないでしょうか。

Q

出版の未来をどう思いますか？

A

まったく悲観していません。フェアだと思いますよ。いいものを作れば、かなりの確率《かくりつ》で評価される。うちが出してきた渋《しぶ》い作品も、若い読者が買ってくれますから。

特に若い女性たちの風通しのよさには、感心することが多いです。書評で偉《えら》い人が言っていたからではなく、自分の目で確かめる。自由に本と出会っています。

彼女たちの嗅覚《きゅうかく》を信じてしっかりやっていけば、大丈夫です。大もうけはしないですよ？　**でもそれで家族4人やっていける。それ以上に何を望むのか**という気持ちが、僕《ぼく》にはあります。

新聞掲載：2022年8月6日

おわりに

この本を読んでくださったみなさんへ――。


さまざまなジャンルで「好きを追求する」フロントランナー10人のお話は
いかがだったでしょうか?

「私もやってみたい!」「自分には無理そう……」

「そんなことが仕事になるんだ!?」

いろいろ思うところはあるかもしれません。

ですが、世の中には私たちが想定しているよりもずっと、多種多様な「好きなこと」

であふれている――。

このことに気づいてもらえれば、これ以上うれしいことはありません。


本来、この世の中には「好きなこと」の分だけ仕事があります。

そこに正解も不正解もありません。

人の数だけ自由な生き方がある、それだけです。

けれど残念ながら、そのような生き方を学ぶためのツールや機会がないのです。

多様な仕事や生き方ができる、と知ることで、ちょっと肩《かた》の力を抜《ぬ》けるはず。
心もフッとラクになるのではないでしょうか？
私たちは、この本が新しい時代の「好きを追求する」ツールになれるように、と
思いを込《こ》めて制作しました。

みなさんが大人になるまで、まだまだ時間があります。
学業に部活動に、さまざまなことを楽しむうちに、自分なりの「好き」のかたちを
見つけていくことでしょう。
（フロントランナーたちが「偶然《ぐうぜん》やってみたら楽しかったから」
「たまたまやってみたら向いていたから」と言うように！）
いつの日か、フロントランナーとして輝《かがや》く、みなさんの活躍《かつやく》を楽しみにしています！

朝日新聞be編集部
岩崎ＦＲ編集チーム

Staff

出典元記事
伊沢拓司さん分＝文・西本ゆか　写真・伊藤進之介
s**t kingzさん分＝文・松本紗知　写真・井手さゆり
田中みずきさん分＝文・高橋美佐子　写真・恵原弘太郎
ちゃんへん.さん分＝文・宮崎亮　写真・金居達朗
佐野亜裕美さん分＝文・林るみ　写真・吉田耕一郎
藤原麻里菜さん分＝文・佐藤陽　写真・相場郁朗
ヨシタケシンスケさん分＝文・大西若人　写真・相場郁朗
望月正行さん分＝文・寺下真理加　写真・井手さゆり
福島忠広さん分＝文・田村隆昭　写真・相場郁朗
島田潤一郎さん分＝文・藤生京子 写真・相場郁朗

編集　岩崎FR編集チーム
編集協力　峰岸美帆
装丁　黒田志麻
イラスト　みずす
DTP　佐藤史子
校正　株式会社 鷗来堂

フロントランナー
1 好きを追求する

2024年9月30日　第1刷発行

監修　朝日新聞be編集部

発行者　小松崎敬子
発行所　株式会社 岩崎書店
〒112-0014　東京都文京区関口2-3-3 7F
電話　03-6626-5080(営業)　03-6626-5082(編集)

印刷　三美印刷株式会社
製本　株式会社若林製本工場

ISBN 978-4-265-09185-0 NDC366 160P 21×15cm

Published by IWASAKI Publishing Co., Ltd.
Printed in Japan

岩崎書店HP https://www.iwasakishoten.co.jp/
ご意見ご感想をお寄せください。info@iwasakishoten.co.jp
乱丁本・落丁本は小社負担でおとりかえいたします。